JN071650

花の文化立国日本

お花の歳時記

永田晶彦

はじめに

日本の花の歴史は大和・奈良時代、当時の先進国であった唐から花に関する文化が流入したことで起こりました。はじまりこそは中国のそれに大きく後れを取ったものの、日本では和歌をはじめ、数々の文学・芸術が育つにしたがって、花の文化も大きく成長し、江戸時代には日本の花文化レベルは世界最高水準にまで達しました。このことは日本国内で花の歴史を勉強されている方々はもとより、他先進国の花の研究者はよくご存じなのですが、残念なことに、日本国内の一般にはあまり周知されていないのが現実です。せっかく世界最高峰の「花の文化」という文化資産を母国に有しておきながら、それを知らず、味わわずに日々を過ごしているのがいかにもったいないことかとの愁いを込め、慣れない筆を執り、日本にある伝統的な花の文化背景をその種類ごとに記してみました。気軽にお読みいただけるよう極力専門的な表現は避け、会話文を多くしましたが、多くの方が初めて目にされるだろう内容をできるだけ盛り込んでおります。少々の時間を『花の文化立国日本』を知って、楽しむことにあてていただきますようどうぞよろしくお願い申し上げます。

二〇二〇年年初から全世界に猛威を振るった新型コロナウイルスの感染拡大の影響により、

海外との交流機会が大きく制限されることがあったものの、それまでは年々海外から日本へやって来られる人が増え、日本政府観光局の発表によれば、訪日外客数は二十一世紀初頭の十六年間で六倍になり、その多くを占めるのが中国をはじめとする日本の近隣諸国の方々ということです。日本の花文化も唐（中国）を筆頭に近隣諸国から伝わったものから発達したものが少なくなく、日本の花文化を知ることで近隣諸国の文化に触れ、来日される方々の国に関係のある話題を得ることもあります。訪日観光客の多くは、日本の文化に触れ「日本らしさ」の良いところを吸収して帰国されます。本書を通して訪日観光客の皆さんに、日本の花の文化についてもお伝えいただけるものなら、これ幸いでございます。

令和二年立秋　永田晶彦

目次

【お花の歳時記　一年目】……35

『花の文化立国日本　お花の歳時記』

本書に記載された花

サクラ［桜］

紅葉とともに咲き渡る小原の四季桜

御衣黄　ウコン

大島桜　江戸彼岸

カキツバタ［燕子花］

吹掛絞六英花青車

桃三英花桜花

ハナショウブとショウブ［花菖蒲と菖蒲］

ショウブの花

(V.Nikitenko/Shutter stock)

アヤメ

(J.A.Anderson/Shutter stock)

肥後花菖蒲

藍草子

江戸花菖蒲

水玉星

本書に記載された花

ハスとスイレン［蓮と睡蓮］

烏丸半島のハス群落(2020年復旧中)

水生植物公園みずの森のスイレン

アサガオ［朝顔］

名古屋朝顔「東山」

名古屋朝顔会の展示風景

変化朝顔
黄葉白撫子牡丹

変化朝顔
青葉紅采咲牡丹

肥後朝顔
肥後殿上人

ハギ［萩］

円光寺（愛知県稲沢市）のハギ

キンモクセイ［金木犀］

キンモクセイの金桂（左）と丹桂（右）

(Zhao Jiankang/Shutter stock)

キク［菊］

大名づくりの風格：手綱植えによる新宿御苑の大菊花壇

本書に記載された花

サザンカ［山茶花］

ハルサザンカ群
星飛竜

カンツバキ群
昭和の栄

サザンカ群
羽衣

ハルサザンカ群
東牡丹

カンツバキ群
長春

サザンカ群
三頭咲

（サザンカ各品種は国立歴史民俗博物館にて撮影）

寒ボタン［寒牡丹］

寒牡丹の養生の様子
（花が咲き始めたら実施）

1月に咲いた
寒牡丹「寒豊明」

4月に咲いた
牡丹「寒豊明」

ウメ［梅］

梅分類体系三系統九性ごとの品種例

緋梅系 緋梅性 蘇芳梅

豊後系 杏性 摩耶紅

野梅系 野梅性 春の粧

緋梅系 紅梅性 雛雲

豊後系 豊後性 大和牡丹

野梅系 難波性 御所紅

緋梅系 唐梅性 唐梅

野梅系 紅筆性 西王母

実梅 花香実

実梅 豊後

野梅系 青軸性 緑咢

（ウメ各品種は浜松フラワーガーデンにて撮影）

ツバキ［椿］

北京のツバキ展に出品された日本のツバキ

越ノ麗人　王冠　乙女

旭の湊　吹雪白玉　飛天

中国で咲いた日本伝統のツバキ（浙江省寧波市 最愛小馬）

ボタン［牡丹］

御国の曙

島錦

フジ［藤］

フジの緑化壁

アジサイ［紫陽花］

二十一世紀以降美しい品種が続々と登場しているアジサイ

本書に記載された花

サルスベリ［百日紅］

浅草寺のサルスベリ

ムクゲ［木槿］

際白く奥紫のムクゲ

ヒガンバナ［彼岸花］

矢勝川堤防沿いのヒガンバナ

スススキ［芒］

池泉庭園の脇に咲くススキ（wassei/shutterstock）

モミジ［紅葉］

鮮やかな京都龍安寺の紅葉(左)と春に桜の木の横でひっそりと咲くモミジの花

ハボタン［葉牡丹］

ハボタンのみで作られたクリスマスリースとハボタンの花壇

本書に記載された花

スイセン［水仙］

ニホンズイセン

サクラソウ［桜草］

八重のプリムラ

ユキヤナギ［雪柳］

愛知県緑化センターの見事な雪の舞（篠田千恵）

ツツジ［躑躅］

蒲郡クラシックホテルにあるツツジのガーデン

クレマチス［鉄仙］

クレマチス・パテンス系『華燭の舞』

本書に記載された花

ハマユウ［浜木綿］

西浦「万葉の小径」に咲くハマユウ
（西浦温泉 旬景浪漫 銀波荘）

ハンゲショウ［半夏生］

白さが際立つハンゲショウ
（横浜イングリッシュガーデン）

リンドウ［竜胆］

近年開発された複色のリンドウ

ヒマワリ［向日葵］

すべてがこちらを向く
南知多花ひろばのヒマワリ

古典ギク［古典菊］

北京世界園芸博
の古典菊展示

嵯峨菊

伊勢菊

丁子菊

江戸菊

肥後菊

チャ［茶］

浙江省西湖龍井茶園
のチャの花

シクラメン［篝火花］

品評会大賞を受賞した
匠のシクラメン

マンリョウ・センリョウ［万両・千両］

年末に赤い実を着けたセンリョウ

初夏に地味な花を着けたセンリョウ

カラタチバナ

ヤブコウジ

マンリョウ

ナノハナ［菜の花］

広大な敷地を埋め尽くす渥美半島の菜の花

アセビ［馬酔木］

海外に輸出された新種のアセビ（上海市 薛征峰）

本書に記載された花

ヤマブキ［山吹］

ヤマブキ
（万葉植物園/奈良市）

ヤマボウシ［山法師］

ヤマボウシ
（大阪府立花の文化園にて）

ウツギ［空木］

ヒメウツギ

ノウゼンカズラ［凌霄花］　　　　ホオズキ［酸漿］

ノウゼンカズラの花　　　　ホオズキの花

ケイトウ［鶏頭］

ケイトウの仲間 セロシアキャンドルケーキ

本書に記載された花

シュウメイギク［秋明菊］

シュウメイギク一重白花種

シュウメイギク八重紅花種

ツワブキ［石蕗］

ツワブキの花

ツワブキ青軸天星

ポインセチア［猩々木］

農林水産大臣賞を受賞した
ポインセチアの鉢物

ロウバイ［蝋梅］

寒に咲くロウバイ
（花弁が透けて枝が見える）

オウバイ［黄梅］

立春前に咲いたオウバイ
（都市農業公園/東京都足立区）

コブシ［辛夷］

コブシの花（F.F.YSTW/Shutter stock）

【花の文化立国】


みなさんは日本の「国花」をご存知ですか？

「桜に決まってるでしょ？」

「菊じゃない？」

「いやいやこういう質問をするってことは意外にも椿とか？」・・・

と、とかく日本人は花の話題となると盛り上がるもの。それも当然、日本では有史以降脈々と花の文化が育ち、日本こそが世界に名だたる花の文化立国なのです。

「花の文化立国って何よ？」

なあんて野暮な質問をしてはいけませんよ。正式に花の文化立国なんて言葉はありません。わたしの創造です。

さて、前置きが長くなりましたが、質問の答えは「日本の国花は決められていません」が正解。しかし、これは法的に日本の国の花として定められた花が無いという意味で、一般的には「桜」と「菊」のどちらかを『日本の花』と呼んでも差し支えないと思います。

「なにそれ?じゃぁ、椿や躑躅(つつじ)だっていいんじゃないの?」

そうですとも。後程お伝えしますが、椿や躑躅にもそれぞれ日本の国花としても良いほどの後ろ盾があるのです。国民一人一人が自分の中にそれぞれの国花をもっているような国が日本。日本の古典文学に伝統工芸、伝統芸能、伝統美術。これらのどこかには必ず日本らしい花が登場し、日本文化の歴史を形成する要素となってきました。いわば日本文化の節々は花で成り立っているのです。

「それはちょっと盛りすぎでしょ!」

まあ、ちょっと大げさな言い方をしたことは認めます。

「でも母国の文化が花で成り立っているなんて素敵よね〜」

そうです、このような視点で日本の花を観ていくと「日本という国に生まれ育った」ただそれだけでも花を楽しむアドバンテージを持ち合わせていることが実感できるはずです。ではこれから季節の移り変わりに沿って皆さんと日本の花文化を味わっていきましょう。

【お花の歳時記　一年目】

【サクラ】桜　四月

今は桜の開花時期。といってもここでいう桜は「ソメイヨシノ」という名の桜のこと。桜には名前の付けられているものだけで四〇〇種類以上あり、一月の沖縄ではサクラの仲間で一番早咲きのカンヒザクラが咲き始め、北海道の北部では五月上中旬になってやっとエゾヤマザクラが開花します。中には秋に花を咲かせるものもあり、愛知県豊田市小原では十一月に四季桜が満開を迎え、山一面に広がるサクラ色のキャンバスにモミジの紅葉が冴えわたります。

「う～ん。桜は入学式に咲く花とは限らないんだね」

そうなんです。これはあくまで北緯三十七度付近の平地でソメイヨシノを表して言っているのであって、南北あるいは山間部、そして桜の品種によっては普段の常識とズレが生じるので注意しましょう。しかもソメイヨシノがこの世に登場したのは安政年間（一八五五～一八六〇）と推定され、それ以前の主役はヤマザクラをはじめとした他の種でした。したがって、過去の歴史に登場する桜のシーズンも現代のそれとは少々時差があったことも考慮する必要があります。

例えば百人一首の六十一番にある一条院が伊勢大輔（いせのたいふ）に詠ませた歌

「いにしへの　奈良のみやこの　八重（やえ）ざくら　けふ九重（ここのえ）に　にほひぬるかな」

（詞花和歌集　春）

に登場するサクラはカスミザクラの変種の「ナラノヤエザクラ」という品種で、四月下旬にやっと咲き始めます。ということは、一条院がこの桜を所望した時は既に初夏の手前であり、歌のイメージから伝わる清々（すがすが）しさとくらべ、やや汗ばむような様子だったとも考えられます。ナラノヤエザクラは東大寺知足院（ちそくいん）の裏に原木があり、また、ヤマザクラの名所は歴史も規模も最大級を誇る「一目千本」の吉野山です。

さて、ソメイヨシノの花が散り、葉桜になるころにはサトザクラ（里桜）群が満開を迎え始めます。サトザクラは「オオシマザクラ」の血筋の交雑種で、白や桃色の八重咲の桜が多いのですが、花が緑色の「御衣黄（ぎょいこう）」、黄花の「鬱金（うこん）」などもあります。ソメイヨシノもオオシマザ

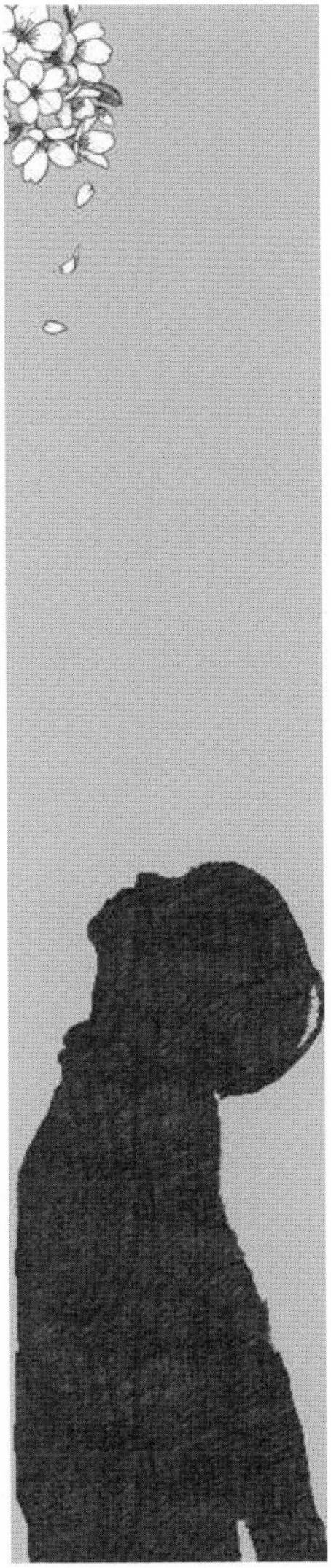

クラとエドヒガンの交配種なのでサトザクラの一つなのですが、サトザクラの多くはこれより後で満開を迎えます。サトザクラで有名なのは「大阪造幣局」で、毎年四月中旬に「桜の通り抜け」と称し、場内が一般に開放されます。また、足に自信のある方なら、多摩森林科学園に行けば、広大な桜の保存林を散策しながら、現存する多くの桜の品種を観ることができます。その他日本各地に桜の名所があり、地球規模で考えると、日本列島全体が「桜のテーマパーク」のようにも見えます。どうぞ、この長い歴史と文化に育まれ、多様性を秘めた日本のサクラをご満喫されますようお祈り申し上げます。

【カキツバタ】燕子花　五月

「から衣（ころも）　きつつなれにし　つましあれば　はるばるきぬる　たびをしぞ思ふ」

『伊勢物語』東下りの段に引用された在原業平の和歌は日本人の人口に膾炙（かいしゃ）するもの。五七五七七のそれぞれの頭文字を繋げると「かきつはた」になります。

「どうして『かきつばた』じゃないの？」

というご質問に対する回答は古文の領域になるためここでは省略させていただきます。

「カキツバタって地味だし、アヤメやショウブと見分けつかないし」

といったご意見も多いと思いますが、いえいえ、カキツバタは『万葉集』の七首に恋心の象徴として登場し、当時より花の色素が着物の染色に使われるなど、古くより日本文化と深くかかわってきた花なのです。

万葉集第十七巻にある一首

「加吉都播多　衣尓須里都氣　麻須良雄乃　服曽比猟須流　月者伎尓家里」
（かきつばた　衣に摺り付け　丈夫の　着襲ひ狩りする　月は来にけり）

は、この時代には天皇が家臣一同を引き連れて実施する「薬狩り」という一大行事があり、その時期の到来を詠ったもの。丈夫（成年男子）たちは争って薬草を見つけ献上しましたが、彼らにとって薬狩りは見物に集まった若き女性たちに自分のカッコイイ姿を見せる競い合いでもあったのです。

そこで注目を浴びる手段として最も有効なのが派手だけどセンスの良い衣（男子のトップス）を身にまとうもの。その衣はカキツバタの花を布地に直接摺り付け染色したものが望まれました。当時「摺り付けて色を付ける」ことを「掻き付ける」といい、カキツバタの呼称は「カキツケ花」から転じたものであると言われています。

千三百年も昔から日本の文化に根付いているカキツバタですが、この花を見ることのできる場所は自然の残る自生地が多いため、簡単に立ち寄れる場所はそれ程多くありません。有名なのは前出の『伊勢物語』第九段に登場する三河国八橋にある「無量寿寺（愛知県知立市）」。そして日本三大カキツバタ自生地の「小堤西池（愛知県刈谷市）」「大田の沢（京都市北区）」「唐川湿原（鳥取県岩美町）」などです。

ところで、カキツバタの花の色を皆さんに想像していただくと、たいていは赤紫色から青紫色の範囲を思い浮かべられることでしょう。でも、カキツバタにも多くの品種があり、色は赤紫、青紫を筆頭に、白地に斑点模様のある吹掛絞り、全くの白、そしてピンクのものなどもあります。また花弁の数は、これが三枚の三英花が一般的ですが、六枚の六英花、時には四英、五英の花もあります。よく見ると花弁の形も品種によって少しずつ違っています。私のいる愛知豊明花き地方卸売市場でも六〇種類以上のカキツバタを保存しており、それらを「珍種かきつばたまつり」などで展示しています。

【ハナショウブとショウブ】花菖蒲と菖蒲　六月

「五月雨（さみだれ）ニ　澤邉（さわべ）ノ真薦（まこも）　水越（みずこえ）テ　何菖蒲（いづれあやめ）ト　引（ひき）ソ煩（わずら）フ」（太平記二十一巻）

は源頼政が、鳥羽上皇から菖蒲前（あやめのまえ）という美女を賜るときに、十二人の美女の中から本物を選び出すように言われて、誰が本物なのか戸惑う中詠んだ歌。後にこれは「いずれあやめか、かきつばた・・・」と、みんな素敵でその中からどれを選んだらよいのか迷っている様子を表現する言い回しに繋がりました。そんな素敵なアヤメもカキツバタも花の時期を過ぎてしまいましたが、これからはハナショウブが旬をむかえます。

「そういえば、アヤメ、カキツバタ、ショウブってどこが違うの？」

と疑問を持っているあなた。花に対する造詣が深い証拠です。これについては後程説明しますね。

ところでアヤメは漢字で「菖蒲（あやめ）」ショウブも「菖蒲（しょうぶ）」です。しかしアヤメとショウブは似ても似つかぬもの。

「えっ？アヤメとショウブってよく似てるでしょ？」

と思われる方もいると存じますが、多くの日本人が思い浮かべるショウブの花は「ハナショウブ」です。これはアヤメ科アヤメ属、つまりアヤメの仲間。そしてカキツバタも同じ仲間です。だからどれも花が似ています。

これに対して「ショウブ」はショウブ科（以前はサトイモ科）の種で、縦に細長い柱状の芯に小さい地味な花が密に着いています。端午の節句にお風呂に浮かべるのはこの葉っぱですが、花はめったに見ない代物です。

「なんで違う植物にわざわざ同じ漢字を使うの？ややこしいじゃない！」

ごもっとも。遡ること一三〇〇年。奈良時代には、憧れの「唐」から先進文化が流入し、その中には薬草を主とした植物リスト『本草経集注（ベンツァーオジンジージュー）（ほんぞうけいしゅうちゅう）』『新修本草（シンシウベンツァーオ）（しんしゅうほんぞう）』なども含まれていました。当時は日本在来の植物であってもその呼び名が統一されておらず、おそらく朝廷は唐で植物に当てられた漢字をそのまま日本国内で使ってしまおうと考えたように思われます。植物リストには「菖蒲（白菖とも）」の品種があり、その植物の特徴が表記されていました。この表記にたまたま合致してしまったのが現代のニホンアヤメだったようで、以降ニホンアヤメには「菖蒲」の漢字と音が与えられました。

　しかし時代を経るとこれが間違いであったことが明らかになってきます。「菖蒲」の漢字と音は、それまで菖蒲草と呼ばれていた現代のショウブに付け替えられ、それまでショウブであったニホンアヤメの音は「アヤメ」と改められました。ただし、なぜかアヤメの音にそのまま「菖蒲」の漢字を当ててしまったので、菖蒲のややこしい話が誕生したわけです。

　ついでにお話しすると、能の演目「杜若」と尾形光琳筆国宝「燕子花図屏風」それぞれに登場する杜若と燕子花はどちらも前章でお話ししたカキツバタを表しています。このうち「杜若」が中国渡来の植物リストに載っており、本来これは唐にあった植物（ヤブミョウガあるいはショウガの仲間）を表す名称であったにもかかわらず、時代が下るうちにこの称号を賜るものとしてカキツバタが選抜されてしまいました。さらには「燕子花」も中国でヒエンソウという植物の仲間を表す名称だったようで、結果として、日本にしか存在しない、いわゆる日本の固有種のカキツバタは間違った外国の名札を二枚も付けられ、これが現代にまで引き継がれています。

「何かちょっとカキツバタが不憫だわ。」

そうですね。間違いの根本は「日本にある動植物はすべて中国大陸にはある」という大陸崇拝の考え方だったのでしょう。現代の研究者に「日本は東洋のガラパゴスだ」と唱える人がいるように、実際は日本には有っても、大陸には無いものがたくさん存在したんです。だから日本の植物の名前をすべて中国の名称に付け替えられるわけがありません。

さて、ハナショウブは日本以外朝鮮半島や中国国内にも自生するノハナショウブを育種改良したものの総称ですが、この育種の歴史は日本独自のものです。特に江戸時代後期にはハナショウブの育種家（いくしゅか）松平定朝（菖翁（しょうおう））によって数々の名花が作出され、それだけで三百品種近くになります。その後も続々と新しい品種が作られ、現代までに五千にのぼる品種が世に出されたと言われています。

ハナショウブはカキツバタに比べ、比較的多くの場所で見ることができます。苗も手に入りやすく、病気にも強いので、ご家庭での栽培も楽しいですよ。ただし、キショウブ（黄花ショウブ）は日本のハナショウブに似ていますが外来性雑草で、いっしょにすると日本のハナショウブを死滅させる恐れがあるので気を付けてくださいね。

それでは、最後にカキツバタ、ハナショウブ、アヤメの違いですが、以下5つの違いで見分けられます。多分見慣れると豹と虎とライオンくらい違っているのがわかるはずです。頑張って見比べてみましょう。

花弁の模様　カキツバタは花弁の中央に一本の白い筋が入ります。これに対して、ハナショウブの花弁の中央にはやや細長い三角状の黄色い筋が入ります。もう一方、アヤメの花弁の中央には網目模様が入ります。ちなみにアヤメの音は古代この網目を文目（あやめ）と呼んだことから生じたともいわれています。

花弁の模様

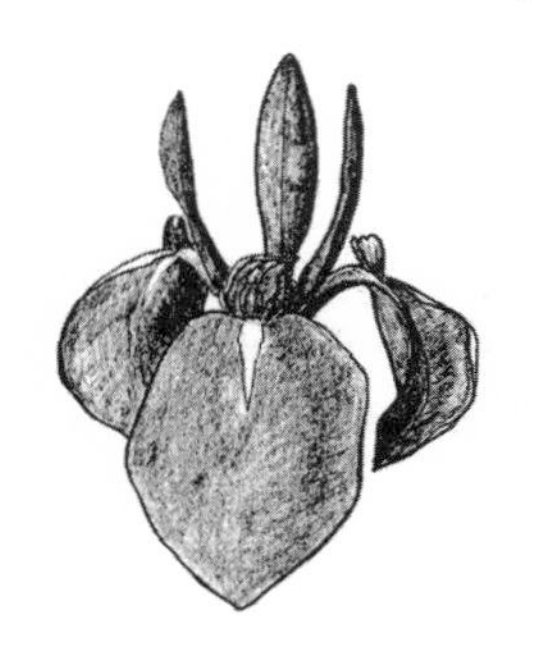

カキツバタ

・中央に白い筋が入る
・ノハナショウブは
　カキツバタによく似て
　いるが、筋は黄色

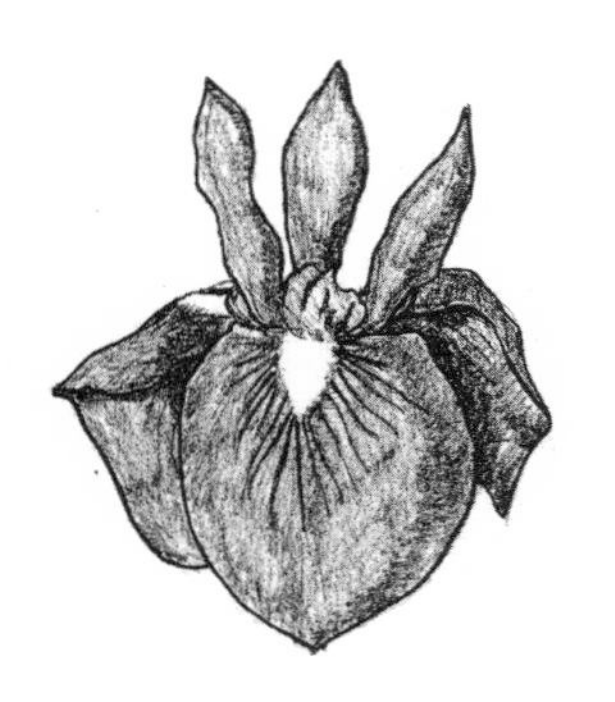

ハナショウブ

・中央に三角状の黄色い筋
　が入る
・品種が多く、姿・色の
　バリエーションが豊富
・原種のノハナショウブ以外
　は花が大きい

アヤメ

・中央に網目模様がはいる
・カキツバタ、ハナショウブ
　に比べて小ぶり

花の大きさ　原種のノハナショウブを除き、ハナショウブはカキツバタに比べ花が大きく、アヤメはカキツバタより花が小さい。

葉の様子　カキツバタの葉は幅広で厚く硬い、ハナショウブの葉は幅広で薄く柔らかい、アヤメの葉は細く短い。

生息場所　カキツバタはとても水を好み、一年中根が水の中に浸かる場所

生息環境と葉や株の状態

カキツバタ	ハナショウブ	アヤメ
		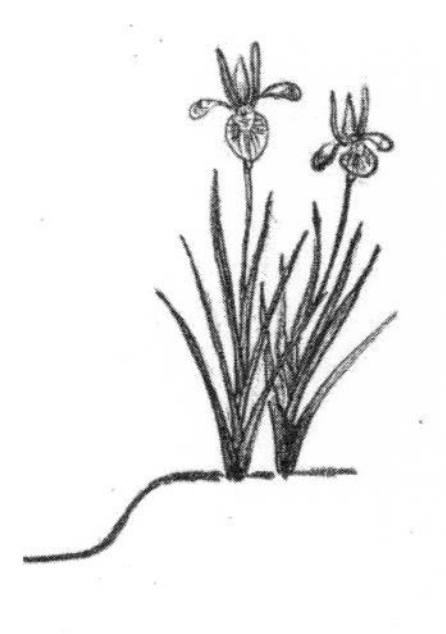
・水の中に生息 ・葉が厚く、葉色が青々としている	・水辺付近に生息 ・葉に厚みがなく、葉色もやや薄い	・平地に生息 ・葉が短く、背が低い

が安住の地です。一時的にでも水気がないと水枯れしたり、病気の原因になったりします。これに対してハナショウブは水辺などの湿った場所が適地で、開花時期以外は水に浸かりっぱなしだと弱ってしまいます。もう一方、アヤメは畑などの湿度のあまり高くない場所で良く育ちます。

開花の時期　花の咲きはじめる時期は、東海道沿線ではそれぞれほぼ二十四節気の区切りと一致しています。

アヤメ（穀雨・四月下旬）→カキツバタ（立夏・五月上旬）→ハナショウブ（芒種・六月上旬）

この他ハナショウブはカキツバタやアヤメに対してバリエーションが豊富です。同じハナショウブでも、花の色や形が品種ごとで大きく違っているのが特徴といえます。

さらっと見ただけでこんなに違いがあります。もう大丈夫ですね？

それではハナショウブとショウブの巻はこれにてひとまず終了。

【ハスとスイレン】蓮と睡蓮　七月

夏至を過ぎ、暑中も近づいてくると、さすがに花オタクの私でも園芸気分が萎えてしまいます。ヨーロッパではガーデニングの季節は夏。でもロンドン、パリの七月の平均最高気温が二〇度少々なのに対して、東海道の夏は太平洋のモンスーンを受けて三〇度超えの高温高湿、ガーデニングどころではありません。

それでは日本人は夏の間「花はおあずけ」かと言うと、そんなことはありません。ちゃんとそれに応えてくれるものがあるのですね。

一つは灼熱に瑞々しさを与えてくれる水生植物。ハスとスイレンはその代表です。もう一つは強い日差しを遮り涼感を与えてくれるアサガオに代表される蔓性（つるせい）植物です。アサガオについてのお話は次に持ち越すことにしますが、種（たね）を播く適期は七月の上旬まで。まだの方はお早めに。

さて、ハスとスイレンは今からが見ごろですが、皆さんハスとスイレンがごっちゃになってませんか？

「ハスとスイレンって同じじゃないの?」
「そんなわけないでしょ。でもハスとスイレンってどこが違うのかな〜?」
いやいや、改めてハスとスイレンの違いを問われてみると、こんなふうに困ってしまう方が多いのが実際だと思います。なのでよくご存じの方には耳障りかと思いますが、ここで少々ご紹介させていただきます。生い立ちから見ると、ハスはインドおよびその周辺生まれでハス科ハス属の種であるのに対し、スイレンは地球上の広い範囲に分布しているスイレン科スイレン属に含まれる種(しゅ)です。

ハスの茎ははじめの数枚は柔らかいものの、遅く出た茎は比較的硬く、水面から上に直立します。同様に花茎も直立し、その上に花が咲きます。なので花は水面より数十センチメートルのところで自立しています。

これに対してスイレンは茎も花茎も柔らかく、完全には自立できないので、葉と花ともに、まるで水面に浮かんでいるようです。花の内部に注目すると、ハスには雄蕊(おしべ)に囲まれた花托(かたく)(花の中央にある十数か所小さい穴の開いたジョウロの先のような部分)があり、花が終わると、立ったまま花托が蓮台（れんだい）として残ります。しかし、スイレンには花托は見当たりません。またスイレンは花が終わると、まるで蕾に戻ったかのようにきれいに花を閉じ、水中に沈んでいきます。この他にも葉の違いや、地下茎の違いなど多々あります。

こうやって見るとハスとスイレンの見た目はかなり違いますね。ハスの本場中国の人

ハス

- 茎の上に咲く
- 花の中央に花托がある

スイレン

- 水面に浮かぶように咲く
- 花の中心に花托はない

と話をしていても、これらの違いを知らない人が多いです。

さあ、これでアヤメの仲間の見分け方に続いて、ハスとスイレンの見分け方も大丈夫ですね。これからはハスとスイレンのどちらかを見かけたら「これは※※※だからスイレンだ！」と自信をもって声に出してみましょう。

あ、そうそう、スイレンを漢字で書くと「睡蓮（すいれん）」です。あわてて「水連（すいれん）」と書いたりすると「水泳連盟」の省略になってしまうのでご注意を！

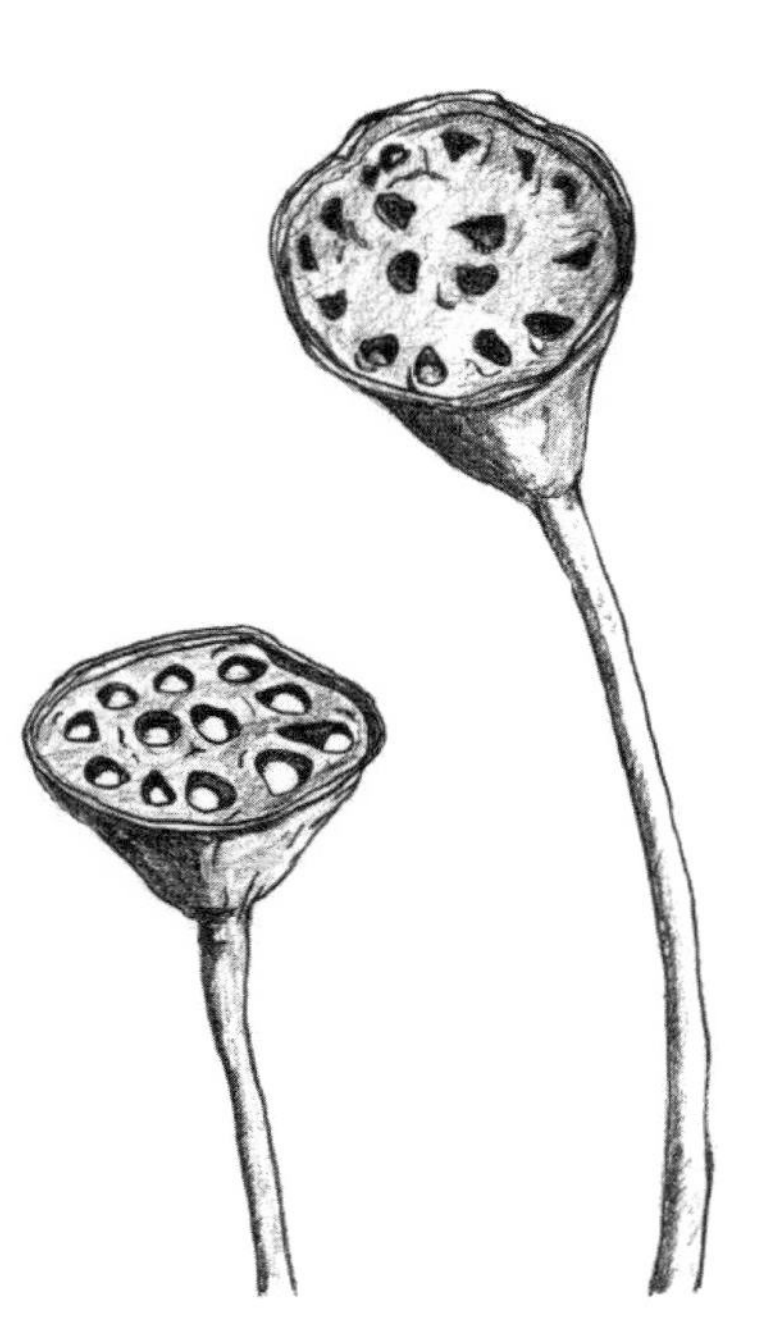

ハスの花托が残り、
蓮台となる

【アサガオ】朝顔　八月

節気は大暑の終盤、もうすぐ立秋ですね。とは言っても日本の夏はまだまだ終わりません。

「八月上旬から秋なんて誰が決めたの？　おかしいじゃない！」

そのとおり。

そもそも二十四節気の考え方は古代中国の中原で起こり、最終的に大都（現在の北京）で完成されたもの。これを日本の本州太平洋側の気候に当てはめるのは無理があるのも当然ですね。

この暑いさなか、私たちの目を和ませてくれるものの一つがアサガオです。今回はアサガオについてお話させていただきます。

「え〜、アサガオなんて小学校で栽培したし、何でもない花でしょ〜？」

って、とんでもない！　アサガオの歴史は古く、全国に熱狂的な愛好家がいるスゴイ花なんです。アサガオは一〇世紀あたりに薬草として中国から日本に渡ったと考えられています。

ちなみに『万葉集』巻十（二一〇四）に

「朝果朝露負咲難云暮陰社咲益家禮」
（あさがほは　朝露負ひて　咲くといへど
夕陰にこそ　咲まさりけれ）

と詠われた「あさがほ」はキキョウの花です。

薬草としてのアサガオは江戸時代には観賞用として育種（品種改良）が進み、江戸後期の文化・文政期には爆発的な朝顔ブームが起こり、多種多様な品種が作出されました。以降もたびたびブームが起こり、全国にアサガオ愛好家や愛好

行灯づくり

盆養切込み作り

会が誕生し、現在に至っています。

愛好されるアサガオは大きく分けて「変化朝顔」と「大輪朝顔」に類別されます。変化朝顔とは八重咲の花や花弁が細かく切れたり反り返ったりして本来の花型から様々に変化したものの総称で、江戸時代にブレークし、今でも根強い愛好家がいます。大輪朝顔はまさに丸

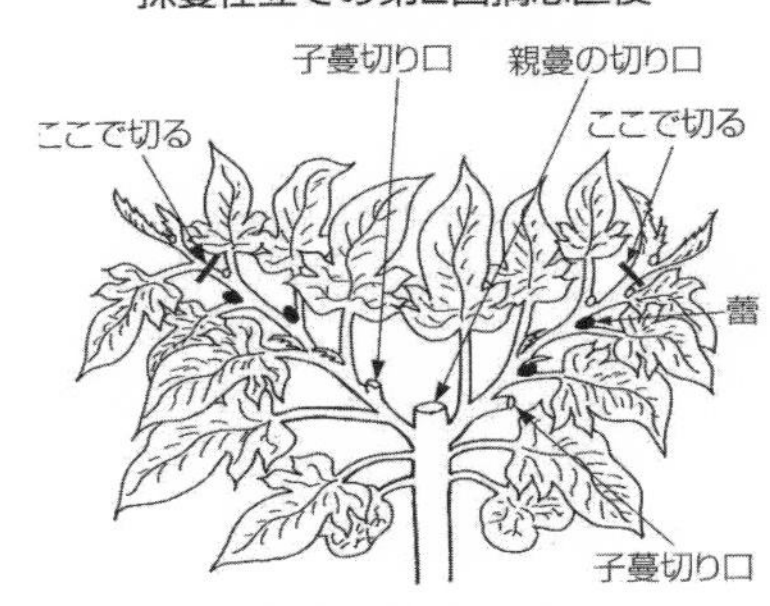

盆養切込み作りの指南書
（名古屋朝顔会会報より）

名古屋朝顔の特徴的な葉
斑入黄蝉葉

く大きな花の咲くアサガオで大正以降はこちらが主流になり、主に熊本、東京、大阪、京都、名古屋で発展しました。

ではこの中から名古屋で一〇〇年の歴史のある「名古屋朝顔」を紹介させていただきましょう。

大輪朝顔の多くは蔓を伸ばし支柱に巻き付け一度に花を数輪咲かせる「行灯作り」をしますが、名古屋朝顔は蔓を切り込んで伸ばさず一度に一輪だけ咲かせる「盆養切込み作り」で栽培します。茶碗に似せた鉢で育て、咲いたら小畳の上に据え、正座して前から観賞します。

花は大きいものだと直径二〇センチメートルにもなります。葉は蝉がハネを広げたような形をしていることから「蝉葉」といい、さらに黄色く斑模様があるものは「黄斑入蝉葉」と呼ばれ、名古屋朝顔の多くはこのタイプです。

名古屋朝顔まつりは毎年七月末に開催され、そこでは熱心な愛好家が競って咲かせた名古屋朝顔の名花を観ることができます。日本の夏、全国のあちこちで「朝顔展」が開催されているので、機会があれば是非お出かけください。

【ハギ】萩　九月

九月も上旬までは処暑と節気にも暑さが表現されていますが、これを過ぎたら待ちに待った秋らしい秋の到来ですね。さて、それまでの間楽しめる花といえば木槿、百日紅・・・う～ん・・・などと考えているうちに、ふとイノシシの姿が頭に浮かんでまいりました。このイノシシは花札の「萩」の一枚で、花札で遊んだことのある人ならみなさんご存知と思います。ただし、今回の主役はイノシシではなく、ハギです。

萩という名は日本人なら誰もが聞いたことがあり、人名や地名にも頻繁に登場するとても日本らしい花です。歴史的に見ても、数多くの植物が詠われた『万葉集』の中でも、その登場回数が当時流行の梅を抑えて花部門第一位を誇ります。そんな輝かしい経歴を持つ萩ですが

「萩って、どんな花だっけ～?」

と思う人がきっと少なくないと推測してしまうほど現代ではマイナーですよね。ハギはマメ科ハギ属の総称です。マメ科に含まれる種（しゅ）の花はどれも蝶形花（ちょうけいか）と呼ばれる独特な形をして

います。なので、ハギもこのように花だけ見ると
「エンドウ豆の花？」
と間違えてしまうほどそっくりです。同じマメ科のフジの花にも似ていますよね。
ハギは日本に十数種ありますが、どれも花はよく似ています。ちなみによくパンツ（ズボン）の裾や靴下に種（たね）のようなものが引っ付く、あの草はヌスビトハギです。
秋の七草に
「萩（はぎ）・桔梗（ききょう）　葛（くず）・藤袴（ふじばかま）　女郎花（おみなえし）
尾花（おばな）（＝ススキ）・撫子（なでしこ）」

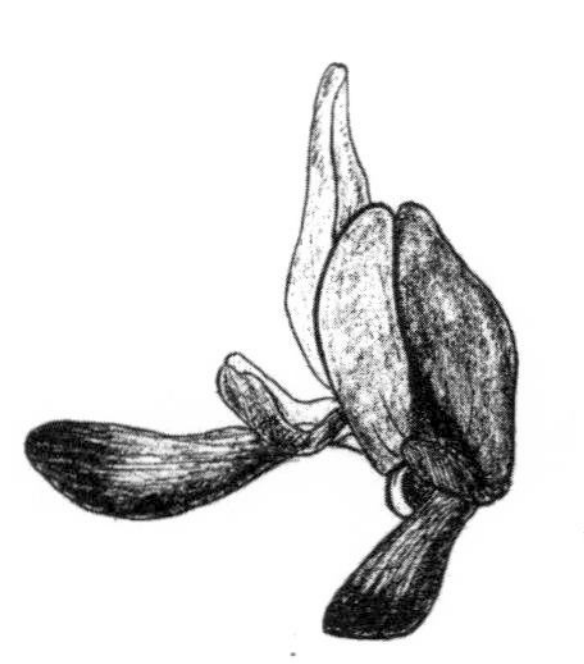
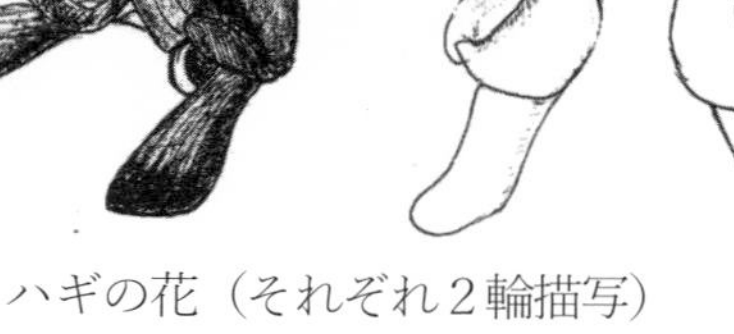

ハギの花（それぞれ2輪描写）

とトップに登場するのは有名ですが、
『枕草子』「九月ばかり」の段にも
「少(すこ)し日(ひ)たけぬれば、萩(はぎ)などの、いと重(おもた)げ
なりつるに、露(つゆ)の落(お)つるに枝の打動(うちうご)きて、
人(ひと)も手(て)ふれぬに、ふと上(かみ)ざまへあがりたる
いとお(を)かし」
とその風情が表現されています。
さて、日々涼しくなる折、萩の花を活け、おはぎ
を片手にお月見というのも洒落てませんか？

【キンモクセイ】金木犀　十月

「暑さ寒さも彼岸まで」

秋のお彼岸を過ぎ十月ともなると、その陽気に誘われついつい戸外に出ていきたくなります。中秋の名月には縁側に芒を置いてのんびり月を眺めてみたいものです。

「お、ということは今月の話題はススキのようですな〜？」

と思われた方、ごめんなさい、今回の主役はキンモクセイです。

キンモクセイはとても芳香性の強い常緑樹。十月になるとあちらこちらからこの木の香りが伝わってきます。普通、花木の存在はその開花時期に、咲いた花を見ることで認識させられるものですが、キンモクセイの場合は先に香りを感じることが多いですね。

「あ、この香り。近くにキンモクセイがあるわね？」

といった経験をされた方も少なくないのでは？

キンモクセイの伝来については、はっきりしていませんが、江戸初期中国より渡ってきたと言われ、原産地は中国広西チワン族自治区から雲南省、いわゆる中国中南部です。中国でのキンモクセイの栽培の歴史は二千五百年前まで遡ると言われ、春秋戦国時代（紀元前七七〇〜二二一）に著された『山海経（シャンハイジン）』（せんがいきょう）の『南山経』『西山経』それぞれに

「招揺之山多桂」（招揺山にキンモクセイが多い）

「皋涂之山多桂木」（皋涂山にキンモクセイが多い）

と記されています。ここに登場する桂（グイ）は古代中国におけるキンモクセイを指し、現代でも中国ではキンモクセイを桂花（グイファ）と呼びます。広西チワン族自治区にあるあの有名な都市桂林（グイリン）（けいりん）は桂花の林、つまり〈キンモクセイの林〉から付けられたんですね。

日本ではどこでも見ることができるキンモクセイですが、これが本家本元の中国中南部に行ってみると、その数の多さに驚かされます。つまり今の時期桂林を訪問すると、キンモクセイの香りでいっぱいです。

意外と知られていませんが中国旅行をするなら十月上中旬がおすすめですよ〜。

ただし、日本のキンモクセイの原種と思われる「丹桂（ダングイ）（これが最も多い）」は日本のキンモクセイよりやや芳香が少ないです。これに対して「金桂（ジングイ）（ウスギモクセイの原形といわれる）」は香りが比較的強く、お菓子の香料にも使われています。

キンモクセイはモクセイ科の樹。モクセイ科には他にライラック、ジャスミンなど良い香りのするものがあります。その他良い香りの代表選手にはジンチョウゲ、クチナシが有名ですね。これから樹を植えることがあれば、香りで選ぶのもアリです。

【キク】菊　十一月

節気は霜降。いよいよ秋も深まってまいりました。この時期話題の花と言えば？

「うんうん、もうすぐクリスマスだし、ポインセチアよね！？」

「何言ってんの。今のブームは新種のハボタンだってば！」

って、皆さん大事な花を忘れてはいませんか？

「そういえば菊ってこの時期に咲くんだっけ？」

ふぅ〜。やっと気が付いていただけましたね。今回の話題はそのキクです。

キクが日本に渡ってきたのは八世紀中期あたりと言われています。これは八世紀初期までの歌を集めた万葉集に菊を詠った歌が一首もなく、かつ七五一年完成の日本最古の漢詩集『懐風藻（かいふうそう）』には菊が登場し、さらに八九二年に成立した『類聚国史（るいじゅこくし）』に延暦十六年(七九七年)十月桓武天皇が菊花を賞し

「このごろの　時雨（しぐれ）の雨に　菊の花　散りぞしぬべき　あたらその香を」

と詠んだことが記されているからです。

「ってどういうこと？」

つまり八世紀初頭までは日本の文献に一切著されていない花が、八世紀中期突然登場し、それ以降普通に記録されているのは、八世紀初頭から中期の間に中国から日本に渡って来たのだろうと推定可能なわけです。

「なるほど」

「え～っ！キクってもともと日本の花じゃないの～？皇室の花なのに」

そうなんです。キクはもともと中国から渡ってきた舶来品です。しかし、その後日本の皇室で愛好され、だんだん日本の文化に溶け込んで、ついには鎌倉時代後鳥羽上皇をして皇室の御紋にまで昇らせてしまったのです。

ところで現代の皇室の御紋は「十六八重表菊（じゅうろくやえおもてぎく）」ですね。日本人なら誰でも知っている図柄です。

「なんとなく見慣れているので気にならなかったけど、キクってこんな形の花でしたっけ？」

でしょっ。たぶん多くの皆さんが思い浮かべるキクは大菊ではないでしょうか？改めて見比べてみると菊の御紋は実際のキクとずいぶん違っていますね。

実は菊の御紋にそっくりなキクがあるんです。それがこの「一文字菊（いちもんじぎく）」別名御紋菊。

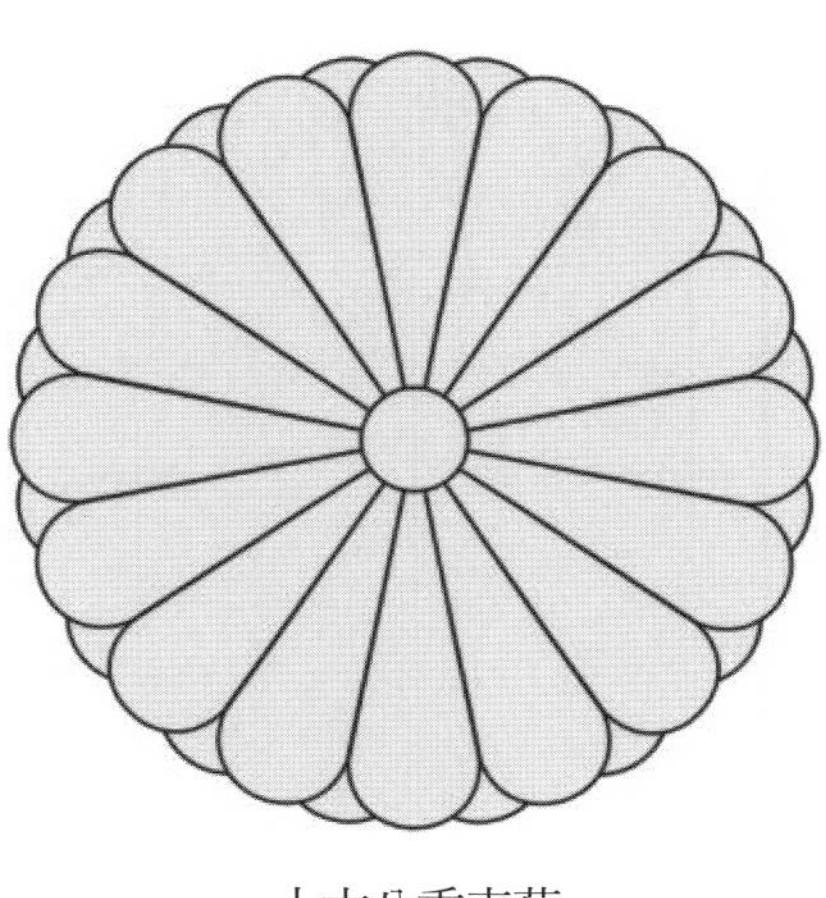

十六八重表菊

大菊

御紋菊の異名は菊の御紋に似ているからつけられたようです。ただし御紋の花びらが上下八重（やえ）になっているのに対し、一文字菊は一重です。

このキクの正統的な作り方は花びらを十四から十六枚にし、花びらそれぞれが重なり合わないように花房を平たくまん丸に咲かせるという流儀に則ります。このほかにもキクにはいろいろな形のものがあり、また花の仕立て方も様々ですよ。

一文字菊

【サザンカ】山茶花　十二月

節気は小雪、そして大雪へと移り、年の瀬もすぐとなってまいりました。吹き来る風に寂しさを感じながらも、しばらくは草取りに悩まされなくてホッとしているのは私だけでしょうか？

この頃になると、時々私の頭の隅っこに
「垣根の垣根の曲がり角・・・」
と童謡が聞こえてきます。この童謡の二番は
「さざんかさざんか咲いた道・・・」
ですね。さて、今回はこのサザンカについてお話ししたいと思います。

年末では、寒さのせいか戸外でお花を楽しむなんて気持ちにはなかなかなれないもの。そのせいか、残念ながら日本人の方から稀に
「サザンカって名前はよく聞くけど、どのような花でした？」
というようなお言葉を頂戴することがあります。それでも多くの方がご存知のこの花は、各家

庭のお庭や公園、そして歩道と道路の分離帯など様々な場所に植えられており、年末から年明けに戸外を歩けば必ず目にする日本在来の花木で、日本の種（しゅ）では珍しく年末から咲き始めます。江戸時代にはサザンカの新しい品種が数多く作られ、その後もいろいろな品種が作られ今日に至っています。

さて、サザンカは漢字で「山茶花（さざんか）」と書きますね。ちなみに「山茶花（やまちゃはな）」と書くと、中国ではこれを「山茶花（シャンチャアフア）」と読み、ツバキを指します。以前菖蒲（しょうぶ）のややこしい話でもお話ししましたが、平安初期、朝廷は日本在来の植物であっても唐で植物に当てられた漢字をそのまま日本国内で使ってしまおうと考えたようで、唐の「山茶花（シャンチャアフア）」の記述に合致したのが日本のサザンカで、サザンカには「山茶花」の漢字があてられました。一方日本のツバキにあてられた漢字「椿（ちん）」は中国では「椿（チュン）」と発音し、「香椿（シャンチュン）」という全く別の樹を指します。

「でも、山茶花って書いてあれば『山茶花（さんざか）』って読む方が自然でしょう?」

そうですね。これにも訳があるんです。江戸時代日本の園芸書の元祖である『花壇地錦抄（かだんじきんしょう）』には「茶山花のるひ（類）」として五十品種のサザンカが記録されています。つまり、サザンカが一般に知れ渡る媒体として大きな存在となった園芸書に「山」と「茶」がひっくり返って書かれていたわけです。これをそのまま読むと「サザンカ」になっちゃいます。

日本伝統の花々はそのルーツを辿ると話題に事欠きませんね。

日々寒さ増す頃ですが、どうぞひとときの余裕を持ってサザンカをご観賞いただければ幸いです。

【寒ボタン】寒牡丹　一月

あわただしかった年末が過ぎ、新年の空気を感じていたら「ぶるぶる」っと目の前には「寒」が待ち構えております。寒とはご存知の通り「小寒」から「大寒」までのひと月ほど、その名が示す通りすごく寒い節気です。こんな冷え冷えとした時期であっても花から目をそらさないのが花の文化立国である日本（仮称）のお家芸です。日本では同じ仲間であっても、寒いときに咲く品種や品種群に「寒桜」「寒椿」「寒牡丹」のような「寒・・」の冠をつけていますよね。

「そうそう寒梅っていうのもありましたわよね？」

「それは日本酒でしょ〜？」

そうですね、お酒の「寒梅」は有名ですが、冬咲きの梅を「寒梅」ということもありますから安心してください。それでは今回は「寒ボタン」をピックアップしてみましょう。

ボタンは中国河南省の原産で中国の国花（日本の桜同様非公式）で、九世紀初頭に遣唐使として中国に渡った空海が持ち帰ったとされています。開花期は主に四月中旬、桜のソメイヨシノが散り終わった頃が見ごろで、その多くは四月末までに咲き終わります。

つまりボタンはふつう春の一季咲きなのですが、中には春と冬の二回咲く品種もあり、これこそが「寒ボタン」と呼ばれる代物です。寒ボタンの枝先には秋になると花芽が着き始めます。この花芽は周りがだんだん寒くなっていくにもかかわらず、少しずつ膨らみ、年末から寒の入りにかけて自然に花を開かせます。寒に咲いた花は霜で傷みやすいので、花が開き始めたら菰で覆います。寒には花がゆっくり咲き、花は春よりも長く楽しめるんですね。ちょっと手間だけど、菰の傘と寒ボタンの風情が相まって、とても風流な気分を味わえます。日本の花文化についてさらに理解を深めたい方、ガーデニングのレベルを高めたい方にお勧めの逸品です。

菰を掛けた寒ボタン

【ウメ】梅　二月

いよいよ立春です。春とはいうものの、立春は冬至と春分の中間点。これから気温が上昇する開始点ということなので、まだまだ寒い日は続きますが、この日前後に旬を迎えるのがウメです。

「えっ？梅は正月の花でしょ？」

とお考えの方も多いかもしれませんが、この正月は中国の農暦における春節（チュンジエ）が起源の旧暦一月一日、現代の一月末から二月中旬頃です。

ウメは奈良時代以前に中国から日本に伝わったと考えられ、『万葉集』には桜より多い一一八首が詠まれるほど注目された花木です。

「この頃はサクラよりも人気があったのね！」

そうなんです。憧れの唐から渡って来たウメは、現代ヨーロッパの高級ブランドのような存在だったんですね。ウメへの注目度は、その後の歴史において少しずつサクラにシフトしていきますが、平安時代になった後もウメは数々の歌に登場し、中でも有名なのは菅原道真

が庭の梅との別れに詠んだ

「こちふかば　匂をこせよ　梅花　あるじなしとて　はるをわするな」

(東風吹かば　匂ひ起こせよ　梅の花　主なしとて　春を忘るな)

『拾遺和歌集』第十六巻)

ですね?

ウメは江戸時代までに育種が進み、天和元年(一六八一)刊の『花壇綱目』には五三品種のウメが紹介されており、現在ある品種は五百種を越えるといわれています。分類体系も確立されており、果実栽培に向く「実梅」と観賞に適した「花梅」に大別します。このうち花梅はさらに「豊後系＝杏との雑種」「緋梅系＝枝の断面が赤いもの」「野梅系＝豊後・緋梅系以外のすべて」の三系統に分類され、さらに三系統が計九性に分けられます。この分類は日本独自の分け方ですが、以前ウメの本場中国江蘇省南京市の大学でこの分類体系を紹介したところ、聴講者には伝統的でありながら理にかなっているところに興味を持っていただきました。この分類についてご興味のある方はぜひ調べてみてください。その後のウメの花見が十倍面白くなりますよ！観賞適期は平年通りなら三月中旬くらいまでです。

「花鳥錦絵」広重「梅に鶯」（国立国会図書館蔵）

【ツバキ】椿　三月

三寒四温を潜り抜け、啓蟄ともなると、春らしい春の足音が聞こえてきます。少し着込んでおけば戸外でゆっくりお花を観賞できるし、もう霜の心配はないので露地で花を植えても大丈夫ですね。

さて、三月の花ですが・・・

「桃でしょ」

「そうだよね、三月三日は桃の節句だもんね」

おやおや？モモはまだ咲きませんよ！前回もお話ししましたが、ここでいう三月三日は中国の農暦における上巳の節句が起源の旧暦三月三日、現代の三月末から四月中旬頃です。品種にもよりますが、モモの見頃も三月下旬以降です。

「でしたら、今は何の花を見に出かけたらよろしいのかしら？」

ということでしたら、ツバキをお勧めします。

ツバキは歴史上最も早く文献に著された日本の花木で、推古天皇紀十六年(六〇八年)隋の

煬帝の宴東堂詞

「雨罢春光润，日落暝霞晖。海榴舒欲尽，山樱开未飞。清音出歌扇，浮香飘舞衣。翠帐全临户，金屏半隐扉。风花意无极，芳树晓禽归。」

（雨が止み、辺りは春の光で潤う、日が暮れて霞の光りが広がっている。満開のツバキの花は落ちてしまいそうだが、咲きはじめの山桜はまだ散りそうにない。舞い手の扇の後ろから清しい歌声が聞こえ、その衣装の香りが漂っている。翠帳が部屋の四方に立ち、金屏風が扉を半分遮っている。雲の移ろいは限りがなく、良き木は暁に出かけた鳥のねぐらとなる。）

に登場する「海榴（海を渡って来た柘榴）」という名称の花が日本から献上されたツバキであるといわれています。また『日本書紀』（養老四年七二〇）巻七「景行天皇」には景行天皇（伝説一～二世紀）が九州で起こった熊襲の乱を鎮めたおり

「・・・則採海石榴樹作椎為兵（則ちつばきの樹を採りて椎に作り兵にしたまふ）」

と記載があり、その古さがうかがえます。ツバキ属はインド北部から東アジアにかけて分布しています。そのうちヤブツバキは学名が *Camellia japonica*（日本由来のツバキ）と名付けられている日本独自の種で、ツバキ属の北限に生息し、とても寒さに強いことが知られています。このヤブツバキと、同じく日本由来のユキツバキのそれぞれとそれらのかけ合わせによって作出された品種がいわゆる「椿」で、江戸時代初期に大流行しました。椿の流行は後水尾天皇と将軍徳川家康がそれぞれこれを好んだことに始まり、後に、二代将軍秀忠、三代将軍家光と伝染していき、引いては諸大名に愛好されるようになりました。

「あら、すごいお方ばかりではありませんの！！」

ほんとうですね。特に秀忠は『武家深秘録（ぶけしんぴろく）』に

「将軍秀忠花癖（はなぐせ）あり・・・此頃（このころ）より山茶（つばき）流行し数多（あまた）の珍種を出す」

と記録されるほどの「椿オタク」だったとか。（現在この記録を実際に確認した報告はない

ようですが）

椿の開花時期は少し寒いので、桜の花見のように茣蓙（ござ）を広げてのんびりとはいきませんが、日本各地の椿園で三月下旬まで花を見ることができます。地元の椿会が椿展を実施しているところもあるので、興味のある方はご確認ください。

伝統的な椿の生け花

【お花の歳時記　二年目】

【ボタン】牡丹　四月

節気は春分を越え、日脚もずいぶん長くなってきました。そしてついに清明（せいめい）を迎えます。『暦書（れきしょ）』（中国古代　劉焯（リュウジュオ）（りゅうたく））に

「為清明、時万物皆洁斎而清明、蓋時当、因此得名」
（清明に至れば万物が姿を現し、その名がわかる）

と例えられるほど、清明はとてもすがすがしい節気ですね。

さて、この時期花の名を挙げればいくらでも出てくるのですが、今回はボタンについてお話したいと思います。

「え～！ボタンは一月にやったところじゃないの？」

そうなんですが、それはカンボタンとしてでして…。

「なんだ？もうネタ切れかな？」

まあ、そういわず少々お付き合いください。
ボタンは中国北西部発祥のものが古代中原に入り、隋代あたりから観賞されるようになり、唐代の首都長安（チャンアン）（ちょうあん）、宋代の首都洛陽（ルオヤン）（らくよう）で発展し、その前後日本に渡ってきたと考えられています。中国では国花的存在であり、この花なくして中国の美術・文学は成り立ちません。日本でもその登場は古く、天平五年（七三三）刊の『出雲国風土記』に

「凡諸山野所在草木麦門冬・・・牡丹・・・・」
（凡その山野にあるのは麦門冬（ばくもんとう）（リュウノヒゲ）・・・牡丹（ふかみぐさ）（ボタン）・・・）

とあることから七世紀までにはすでに中国から渡っていたと考えられ、『枕草子』（十世紀末）にも

「・・・ろだいのまへにうへられたりけるぼうたんのからめきおかしき事・・・」

（露台の前に植えられたりける牡丹のからめきおかしき事）

と登場し、以降文学・美術にたびたび表(あらわ)されてきました。

ところでボタンの中国での呼称牡丹(ムーダン)については、少々話題になることがあるんです。

隋・唐の時代、ボタンは新種ということで未だ独自の名前を与えられていませんでした。

後の時代に書かれた『松窓雑録(ソンチュアンザールー)（しょうそうざつろく）』十世紀、唐李濬(タンリージュン)に

「开元中，禁中初重木芍药，即今牡丹也。《开元天宝》花呼木芍药，本记云禁中为牡丹花。」

（開元中期、宮廷の中で木芍薬(ムーシャオヤオ)、即ち現在の牡丹を重んじはじめた。『開元天宝（＝花木記）』の中にこのような花を木芍薬と呼び、本記中では宮廷の中の花は牡丹を指している）

とあることから、それ以前からあった近縁の芍薬(シャオヤオ)（しゃくやく）から名を借りて「木芍

薬」と呼ばれていたようです。

　ボタンは挿し木などで増やすことができず、また、昔は接ぎ木の技術がなく、すべてその種（たね）を播いて増やしていました。しかも播いた種はほとんど芽が出ず、この時代の人々は「この種はきっと〈牡（おす）〉に違いない」と思ったとか。また古代のボタンは多くが赤花であったともいわれており、〈牡〉の字に赤い色を表す漢字〈丹〉をつなげて〈牡丹（ムーダン）〉と名付けられたとの説があります。

　近代大都市に変貌した中国陝西省の省都西安（シーアン）（古代の長安）に対し、河南省の洛陽（ルオヤン）は現代も昔の情緒が色濃く残り、毎年四月中旬になると市内各地の牡丹園が花盛りを迎えます。この頃の洛陽市内は観光客で溢れ、町中が活気に満ちています。以前私が訪問した洛陽の国家牡丹園（グオジアムーダンユエン）楊山牡丹林（ヤンシャンムーダンリン）の一角にある牡丹館には日本の牡丹も展示され、本場中国の観光客の注目を浴びていました。展示されていた日本のボタンは島根県の大根島（だいこんじま）のものです。大根島は中海に浮かぶそれほど大きくない島で、ボタン農園がひしめき、日本のボタンの約八割がこの島で生産されています。

その他ボタンの名所は奈良県の長谷寺と當麻寺でしょうか。中国で育種された品種はもとより、日本国内で作られた品種も多く、春のボタン観賞はとても気持ちを豊かにさせてくれますよ。

ボタンの花はフワッと大きく、一輪の華麗さはバラなど他の大輪花をしのぐものがあります。ただし、開花寿命が数日なので、蕾が膨らみ色づいたら、毎日咲き具合を確認し、最高の観賞タイミングを見逃さないようにしましょう。

大きな花を咲かせるボタン

【フジ】藤　五月

「立てば芍薬　座れば牡丹　歩く姿は　藤の花・・・」

「それを言うなら百合の花でしょ?」

「えっうそ〜、藤の花って着物を着た女性が歩く姿みたいなのに〜!」

と語呂がいいのでついつい「百合」と「藤」を入れ替えてはいませんか?恥ずかしながら私は三十代の頃、妻に大笑いされるまで間違って覚えてました。そのおかげでそれ以降は大丈夫ですが・・・。

「な〜んだ、花市場の理事長でもその程度ですのね」

いやはや、面目ない。と、自虐ネタで始まってしまいましたが、今回はフジについてお話したいと思います。フジはマメ科フジ属に分類される日本固有の種で、古事記に始まり、出雲風土記（いずもふどき）、万葉集以下歴史に残る日本文学には必ず登場するといってもよいほどの日本を代表する花木です。なかでも紫式部『源氏物語』では光源氏の人生に最大の影響を与えたあの「藤壺（ふじつぼ）の宮」の名称となり、その第十五巻蓬生（よもぎう）にも

「大きなる松に　藤の咲きかかりて　月影になよびたる　風につきて　さと匂ふがなつかしく　そこはかとなき薫なり」

と風情が語られています。この「松に藤」の組み合わせは『枕草子』の「めでたきもの」の段にも

「めでたきもの　唐錦　飾り太刀　作り仏ももくえ　色あひ深く花房長く咲きたる藤の松にかかりたる」

と表されており、どうやら松を男、藤を女に見立てたロマンスが語られているようです。

フジは大きく分けてノダフジとヤマフジに分類されます。公園の一角にある藤棚は一般的にノダフジで作られています。関西から西の山林で見かけるフジの多くはヤマフジです。

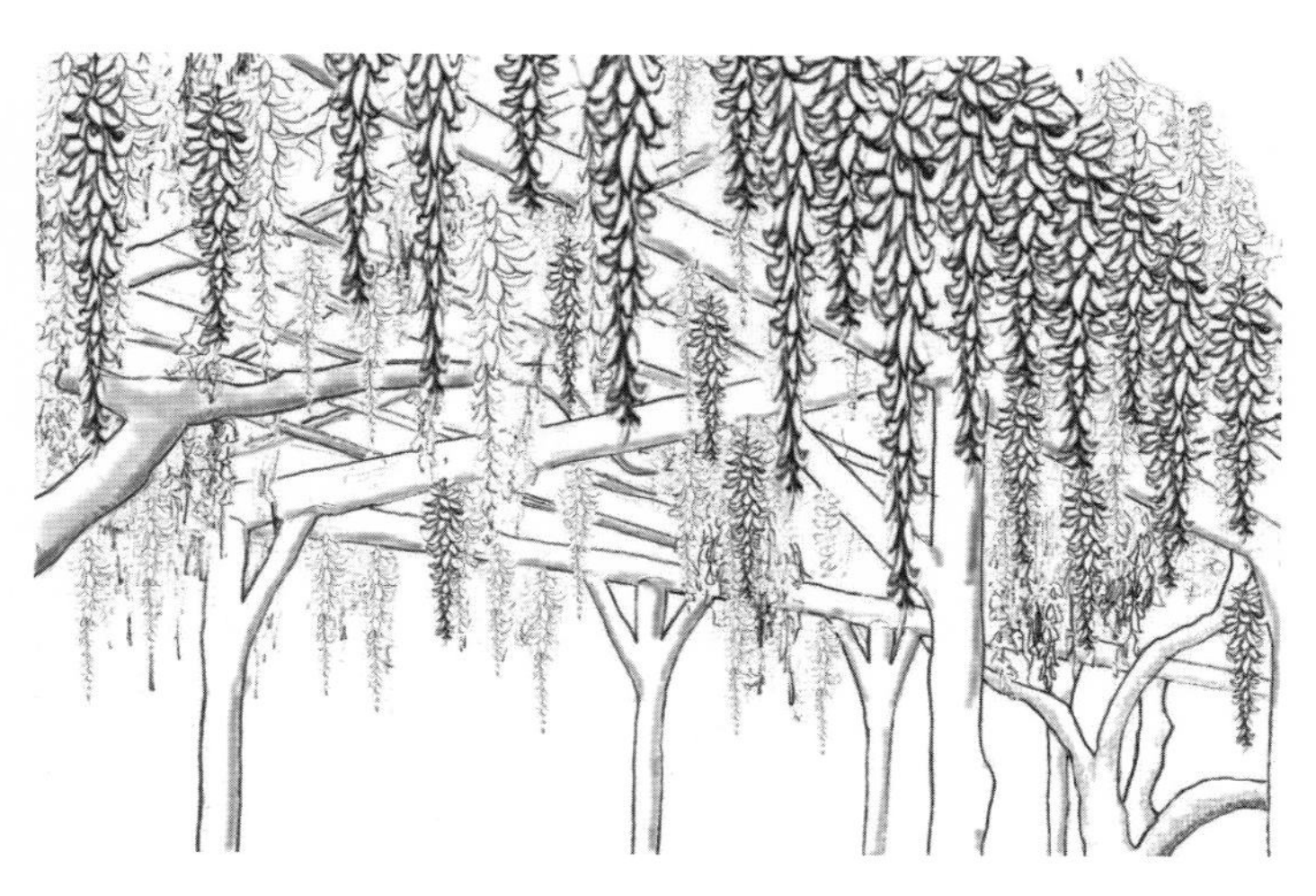

藤棚

ヤマフジはノダフジに比べ花は大きめですが、花の房が短く、さらに花と花の隙間が大きいので、観賞性ではノダフジに劣ります。両者の性質の違いとして面白いのはノダフジの蔓が左に巻き（上から見下ろした場合は右巻き）ながら伸びあがっていくのに対し、ヤマフジは右巻きで伸びていくところ。この違いを覚えておいて目の前のフジがノダフジの仲間かヤマフジの仲間かを確認するのも楽しいですよ。中には両者の雑種もあるので、ご興味のある方はこの辺りも掘り下げてみるとフジの観賞がより味わい深いものになることでしょう。

【アジサイ】紫陽花　六月

気が付けばとうに『立夏』を駆け抜けて、あたりは十分に夏模様です。夏に至ると北海道や高原以外の地域では観賞できる花の種類が段々減っていきます。

「そんなぁ～、何か見頃の花があるでしょ？」

おっと、失礼しました。冒頭から悲観的な表現をしてしまいましたね。大丈夫です。日本の花文化レベルは夏にひるむようなものではございません。

今回はアジサイについてお話させていただきましょう。アジサイは日本原産のガクアジサイが発展したものです。古くは『万葉集』巻二十の四四四八番で橘諸兄（たちばなのもろえ）が

「安治佐為能（あじさいの）　夜敝佐久其等久（やえさくごとく）　夜都與荷乎（やちよにを）　伊麻世和我勢故（いませわがせこ）　美都都思努波牟（みつつしのはむ）」

（アジサイの　八重咲くごとく　八千代にを　いませわが背子　見つつしのはむ）

と歌っています。

「どういう意味ですの？」

これは橘諸兄が八重咲きのアジサイを眺めながら、その美しさを話相手の今後の繁栄に例えているんです。

ところでこのアジサイ、漢字で書くと「紫陽花」ですが、これは唐の白居易（バイジューイー）（はくきょい）の『白氏文集』にある七言律詩に
「何年植向仙坛上、早晩移栽到梵家。虽在人间人不识、与君名作紫阳花。」

（ずっと天上に咲いていたが、いつの頃か仏の家に移された。人間界にあるにもかかわらず誰も人は知らない、君に紫陽花の名を与えよう）

と「紫陽花（ズーヤンフア）」と書いた花が登場したものを、十世紀その詩集を読んだ源順（みなもとのしたごう）がガクアジサイと思い込み、『倭名類聚抄（わみょうるいじゅしょう）』巻第二十草木部草類で紫陽花の漢字を

「紫陽花　白氏文集律詩云紫陽花　和名　安豆佐為（あずさい）」

とガクアジサイにあてたのが始まりです。しかし、この詩に添えられた花の特徴がアジサイと符合しない点があることと、そもそもアジサイが日本の固有種であることから、後の研究で白居易が見た花はアジサイではなかったことがわかってきます。

ちなみに中国ではアジサイを「綉球花（シウチオウフア）」と書きます。

「なんかこんな話ばっかりですね～」

そうですね。でも私はこの源順の「紫陽花」の漢字がアジサイにピッタリマッチしていると思います。ですから中国にアジサイを輸出するときは、敢えて広告に「綉球花」ではなく「紫陽花」と表現していま～す。

普段見ているアジサイの花、実は花弁ではなくてガク弁です。

「そんなこと知ってるよ、学校で習ったもん！」

おっと、これは失敬、では本当の花はどんな花かな？

「えっ?・・・」

などと意地悪な質問は良くないので、花の絵を載せておきますね。花の房の中央部にたくさんの小さな丸星形の花が咲くタイプとガクの上に小さな花が咲くタイプがあります。アジサイはこの時期園芸店に行けば必ず置いてあります。とても栽培しやすいので、是非一度お試しください。

アジサイのガクと花

大きなガクの横にたくさんの小さな花が咲くタイプ

ガクの中央に花が咲くタイプ

【ムクゲ】木槿　七月

夏至を過ぎ、これからは日脚が徐々に短くなっていくものの、なぜか気温は上昇し続ける日本の夏。晴天の早朝に水やりを忘れてしまおうものなら、鉢植の草花はあっという間に干物みたいになっちゃうから大慌てのこの頃です。

そんな酷暑の中、葉を青々と茂らせ、花を咲かせるのがフヨウの仲間です。

「頼もしい！」

そう、日本の夏はフヨウの仲間なくして語ることができません。

「フヨウなのに不要でない？」

な〜んて駄洒落はさておき、今回はフヨウの仲間についてお話したいと思います。フヨウの仲間には、育つと樹木になるムクゲ、育っても冬に地上部が枯れてしまうフヨウ、ハイビスカスの名で親しまれているブッソウゲなどいくつかの種がありますが、その中からムクゲを紹介します。

ムクゲはアオイ科フヨウ属の低木で、インドまたは中国が原産と推測されています。原産地ではないものの韓国では国花として扱われ、国章の図案や国歌の歌詞の中にも登場するなど、厳かな地位を確保しているようです。日本への伝来ははっきりしていませんが、天文(てんぶん)五年（一五三六）華道書『仙傳抄(せんでんしょう)』に記された「禁花の事」の項に「むくげ」の和名がみられることから室町時代にはすでに中国または韓国から渡ってきたと考えられています。

ムクゲを漢字で書くと「木槿(むくげ)」です。知っているから読めるけど、本来この字を「むくげ」と読むには無理があります。現代中国でも全く同じ漢字を使っていることから、その名称が中国から伝わったことは明らかですが、中国語の発音は「木槿(ムージン)」なので、ちょっと「ムクゲ」の音までは遠いですね。

では韓国ではどうかというとムクゲは「무궁화」だそうです。

「は？？？」

って、ハングル文字は私も読めませんので、これをハングル以前の漢字に戻すと「無窮花(ムギュンファ)」となるようです。ちょっと音が近づきましたね。この漢字を音読みすると「ムキュウカ」で「花」は沈丁花のように「ゲ」とも読めることを鑑(かんが)みると「ムキュウゲ」となりました。これが「ムクゲ」に変化して今に至っていると考えれば理解できそうです。

「ふぁ～、長い解説ご苦労様でした」

いやー、眠くなっちゃいました？

ムクゲの花一輪の開花寿命は一～二日と短めですが、七月上旬から九月下旬頃までの間次々と咲く大輪の花を見ることができます。

「日焼けしそうな時期に限って咲くのね！」

そうです。夏の日差しを大敵とする現代女性にとっては観賞が困難な種類と言えるかもしれませんね。しかしムクゲの樹は低木に分類されながらも三～四メートルに達したものがあちらこちらに見つけられるので、その木陰からジックリご観賞いただければ大丈夫だと思いますよ。

白露、秋分と秋の深まりにしたがってムクゲはだんだん花を着けなくなります。この時期の木槿を見ていると、あれだけ旺盛だった花の生長も、また来年まで見られないのかと少し寂しく思われることでしょう。最後にムクゲの花のイメージをみごとに伝えている短歌を紹介し、ムクゲのお話はこれまで、これまで。

「際白く　奥むらさきの　良き花の　木槿おもへば　秋の日かなし」

若山牧水

夏の間咲き続けるムクゲ

【サルスベリ】百日紅　八月

花についてお話しているとき、つい誤りを口にしていることに気づき、訂正すると、話し相手から

「弘法(こうぼう)にも筆の誤りですわね」

などとおっしゃっていただけます。しかし、少し若いころはとても「弘法」などに例えていただけるはずもなく、このような場面では

「ははは！猿も木から落ちるとはこのことだ」

と周りから激励をいただいておりました。つまり、以前はサルであった自分が、年月を経てヒトに進化したわけで、改めて歳を取ることのありがたさを感じる次第です。

さて、サルが木から落ちる要因の一つとして、木登りすると滑りやすい幹の存在が思い浮かんだりします・・・ねっ？

「まぁ、話の展開上そういうことにしておこうかね。」

日本では、古くはこのように幹がツルツルした樹木を総じて「猿滑（さるすべり）」と表現したようですが、現在その名称を独り占めにしているのが、まさに「サルスベリ」という木です。

サルスベリは中国南部原産のミソハギ科サルスベリ属の落葉中木で、真夏にたくさんの花を咲かせます。元禄十一年（一六九八）貝原益軒が著した『花譜（かふ）』第三巻に初めて百日紅（ひゃくじつこう）という名前で登場し、この頃すでに日本に伝来していたことがわかっています。百日紅の名称は六月から九月までの百日間次々に鮮やかな花が咲き続けることから付けられたようです。今では「百日紅」と書いて「サルスベリ」と読むのが一般的になっていますよね。

『花譜』には百日紅の項の冒頭で「又紫微花（しびのはな）といふ」と記されていますが、この「紫微花」は本来「ズーウェイフア」と発音する中国の呼称です。古代中国の天文学では天球を太微（タイウェイ）、紫微（ズーウェイ）、天市（ティエンシー）の三つの区画に分け、北極を中心とする区画が紫微。ここは天帝の所在地もある宇宙の中心ともいえるところです。

「いやはや、何か、スケールが違いますね！」

そう、中国ではサルスベリにこんなすごい名称が与えられているんです。日本ではやや主役から外れたところにいるサルスベリですが、どうぞその厳かな面を思い浮かべながらご観賞いただければ幸いです。

最後に中国に伝わるサルスベリの伝説を紹介し、今回は失礼させていただきます。

暑中・残暑併せてお見舞い申し上げます。

「古代「年（ニエン）」と呼ばれる凶悪野獣が人畜無数を害したので、紫微（ズーウェイ）の神が神仙となり下界に下り、「年」を捕らえて深山（しんざん）に封じ込めた。そして一年に一度だけ山を出ることを許した。「年」を監督するため紫微の神は地上に残り、サルスベリに化身し、周りを花で満たした。それによって地上に平安な生活がもたらされた。」

このことから家の周りにサルスベリを植えると一生幸せになれると言い伝えられている。

（传说如果家的周围开满了紫薇花，紫薇仙子将会带来一生一世的幸福：翻訳筆者）

【ヒガンバナ】彼岸花　九月

節気は処暑の折り返し地点まで進み「これで暑さが和らぐ」との故事をいただきながらも、取囲む残暑に気力不十分な日々を費やしがちなこの頃です。

「でも、暑さ寒さも彼岸までって言いますでしょ！」

おそれいります。お彼岸目指して頑張ってまいります！

やっぱり日本人にとっては暑さの折り返しは秋のお彼岸というイメージがピッタリですね。

秋の彼岸は秋分の日を中日（おちゅうにち）にして、その前後それぞれ三日間、計七日間を指しますが、この期間に必ず咲いているのがヒガンバナ。ヒガンバナはヒガンバナ科ヒガンバナ属に分類される種（しゅ）です。原産は中国東部と推定され、日本へは古代稲作の伝来に伴い、すでに田の周りに植えられていたといわれるほど歴史の長い帰化（きか）植物です。ヒガンバナ属はリコリンという毒性物質を含み、これを農作物の周囲に植えることで、モグラやネズミを作物に近寄らせない効果があることが古代すでに分かっていたんですね。

「えぇ？毒があるの？」

と、ちょっと不安になってしまいそうですが、口に入れなければ問題ないようです。そういう意味ではアヤメの類やクリスマスローズ、チョウセンアサガオ（ダチュラ）等も毒素であるアルカロイドを含みます。観賞用として流通している植物は、決して食べたりしてはいけませんよ。

『万葉集』巻十一、二四八〇番の歌

「路辺（みちのべの）　壱師花（いちしのはなの）　灼然（いちじろく）　人皆知（ひとみなしりぬ）　我恋孋（わがこひつまは）」

（道の辺の　いちしの花の　いちしろく　人皆知りぬ　我恋妻は）

にイチシという名の植物が登場しています。古くからこの「イチシ」がどの種（しゅ）を指すのかいろいろな説が唱えられましたが、戦後、植物研究者の努力によって、これがヒガンバナの中国名「一枝箭（イージージエン）（いちしせん）」に結び付いていることが確認されました。そのおかげでイチシの記録をもとに、ヒガンバナの歴史を知ることができるんですね。

「へ〜、植物の研究って花を咲かせたり、新しい品種を作ったりするだけじゃないんだね！」

そうですとも！日本のように花が文学と深く結びつき、世界最高峰の花文化を持った国においては、一つの植物の歴史をたどってみるだけでも立派な植物研究だと思いますよ〜。これはある意味日本人の特権でもあるわけで、植物研究を趣味の一つに加えていただくのも人生を楽しむコツかもしれませんね。

ヒガンバナで有名なのは愛知県半田市矢勝川(やかちがわ)。毎年九月中下旬には矢勝川堤防沿いが３００万本のヒガンバナで真っ赤な色に染められます。シーズン中は来場者で溢れますが、良い気候の中、大勢で散歩するイメージで楽しめますよ。

【ススキ】芒　十月

皆さん「中秋の名月」はご覧になりましたか？お天気や忙しさの都合でご覧になれなかった方も少なくないと思いますが、この起源は中国唐代の収穫祈願の夜祭にあるといわれ、これが平安前期に日本に伝わって来たのが始まりだそうです。中秋は中国農暦（旧暦）の八月十五日、現代中国ではこの日を「中秋節（ちゅうしゅうせつ）」として祝い、それまでの数週間「月餅（げっぺい）」を贈り合います。日本ではその夜が「十五夜」ですね。でも、農暦は年によって時季がズレるので、たとえば太陽暦の九月中旬に十五夜を迎えてしまった場合は、日本の東海道では、まだ天気が不安定で、十五夜の月を見られる確率も小さくなってしまいます。

これを挽回してくれるのが「十三夜（後の名月）」です。十三夜は平安中期あたりに日本独自で習慣づけられたお月見の日のようで、旧暦九月十三日にあたります。この日は早くても今の十月十日頃なので、晴れる場合が多いんですね。

「さっきから黙って聞いてれば、お花がいっこうに出てこないじゃん！！！」

おっと、失礼。私の頭の中には話の初めからずっと「ススキ」の花がちらついてたものですから、文面へのご紹介が遅れてしまいました。

ススキは東アジア原生のイネ科ススキ属の種（しゅ）で、すでに『古事記』『日本書紀』から登場し始める日本の文化に深くかかわる植物です。植物の名前としては「ススキ（薄、芒）」ですが、その花穂（かすい）を「ヲバナ（尾花）」と呼び、ススキを屋根などの材料として見立てるときの呼び名は「カヤ（萱）」です。万葉集には「ススキ」で十七首、「ヲバナ」で十八首、「カヤ」で十一首の計四十六首の歌があります。

ところでこのススキ、咲き始めるのはいつでしょう？

「そうね〜、九月末頃かしら？」

「お月見の時はフワッとしてるからもう少し早いかもね？」

お、ほぼ正解。もともと地味な花だからわかりづらいけれど、東海道沿線の気象台の観測では九月下旬から十月初頭です。ただし、ススキの開花は秋の冷え込みによって始まるので、北海道では八月上旬、東北では八月下旬あたりにはすでに咲き始めており、沖縄では十月下旬にやっと開花します。

「桜前線の逆だね！」

「紅葉と同じコースだよ」

　まさにそういうことですね。

　というわけで、名月のお月見に添えるススキも、暦のズレによる日付と地域の差によってまだ蕾のススキであったり、フワフワであったり、あるいは枯れススキであったりするわけです。南北遠方の方とお月見について語るときは「話がかみ合わない！」なんてことにならないよう、ちょっと気をつけてお話しましょう。

【モミジ】紅葉　十一月

節気は「霜降」そしてそろそろ「立冬」と冬の文字が現れ始めるのですが、東海道周辺はまだまだ寒いとまではいかず、とても過ごしやすい日々が続いていますね。

この時期はあちこちで催しが開かれ、皆さんお出かけになることが多いと思います。その目的の一つである「紅葉狩り」は春の「お花見」同様、特に公的な行事や宗教的な行事とされているわけではないのに、多くの人がついつい巻き込まれてしまう日本最大級の文化イベントです。今回はその主役である「モミジ」についてお話ししたいと思います。

「ん？モミジって花じゃないし！」

って言われるだろうと思っていました。モミジの花がどのようなものかについては、後程ご紹介させていただきます。

モミジはムクロジ科（以前はカエデ科）カエデ属のうち、日本原産あるいはその園芸種で、かつ葉が小さめで紅葉が美しいものを指します。ですからよくある「モミジとカエデはどこが違うの？」というご質問の答えは「モミジはカエデの一部で、日本原産・・・（上記繰り返し）」で正解です。カエデの仲間なので、近くの公園で目にするハナノキとか、カナダの国旗の柄で有名なシュガーメープルも同じ仲間です。カエデの仲間のほとんどは冬を前にして紅葉します。またカエデ以外にも、フウ、サクラ等紅葉する落葉樹はたくさんありますが、中でもモミジの紅葉は別格として扱われ、日本では古くから紅葉の美しいモミジの種(しゅ)を選び増やしてきた歴史があります。

モミジは日本独自のものであり、長い歴史においてそれが国内に広がっていったため、モミジが紅葉する風景は日本だけのものだったわけです。日本文学が中世以前すでに世界最高水準であったという驚きの事実は、日本がモミジの紅葉する情緒ある風景を持ち合わせていたからだと考える人も少なくありません。

「ふんふん、この意見には同調できるなぁ」

でしょ？　モミジを詠った歌はあまりに多いので、皆さんそれぞれにご存知の歌があると存じますが、世間でもっとも知られているのは百人一首の十七番目にある在原業平の歌でしょうか。

「千早（ちはや）ぶる　神代（かみよ）もきかず　龍田川（たつたがわ）　からくれなゐに　水くくるとは」

（古今和歌集二九四）

他の花と同様、一口にモミジと言っても数多くの品種があります。ただし、桜のソメイヨシノがそうであるように、日本中の紅葉の名所で見られるモミジの多くは「イロハモミジ」という種（しゅ）です。イロハモミジは日本に自生する種の一つで、古くより歌に詠まれたモミジもこれが主であったろうと想像できます。その他ヤマモミジなども多くみられますが、これらに共通するのが、変種（へんしゅ）の多いところです。

「変種って、変な種類ってこと?」

ふふふ。その解釈も間違ってはいませんが、変種を簡単に表現すると「自然界に生息する植物の一つの種（しゅ）が、基本な性質を維持しながら、一部が少々変化したもの」といったところでしょうか。例えばイロハモミジは晩秋に真っ赤に紅葉しますが、中には同じ条件で黄色や橙色に変化するものや斑（まだら）に色の挿すものもあります。これら変種が入り混じって、グラデーションが生み出され、より美しい秋の紅葉を楽しませてくれるんですね。

おっと忘れてました。モミジの花はどんなものかでしたね。モミジの開花時期は四月中下旬です。おそらく推測するに、皆さんどこかで観ています。

「い〜え。モミジの花なんて一度も見たことなんてありませんわ！」

と思われる方がほとんどだと思いますが、皆さんが、桜のソメイヨシノが散りはじめる頃にお花見に行かれたことがあるのであれば、すでにご覧になっている可能性大です。なぜならば、桜の名所の多くには、ソメイヨシノの隣にイロハモミジが植えられている場合が多く、ソメイヨシノの散り初めにイロハモミジが花開くからです。でも、モミジの花はどれも小さく地味なので、桜に魅了された人の目には入らないのが現実です。次の季節、この頃にモミジの樹の下まで出かけていただき、ぜひ一度モミジの花をご覧になってください。モミジもきっと喜ぶと思いますよ！

これから秋の深まる中、この先だんだんと色づくモミジの紅葉に期待を込めて詠ったであろう、百人一首二十六番目、貞信公の歌をご紹介して今回は失礼します。

「小倉山(おぐらやま)　峯(みね)のもみぢは　心あらば　今ひとたびの　御(み)ゆきまたなん」

（小倉山　峯のもみじ葉　心有らば　今一度の　御幸またなむ）

（拾遺和歌集一一二八）

【ハボタン】葉牡丹　十二月

年の瀬に差し掛かり、またもあわただしいまま一年を過ごしてしまったことに、充実感と寂しさがほのかに沸き立つこの頃ですが、みなさんいかがお過ごしでしょうか?

日本を含め雪の降る国では、冬を迎えると、ほとんどの草花は冬の戸外で楽しむことができないので、春までは室内園芸にシフトするのが一般的ですね。

「ポインセチアとかシクラメンみたいな?」

そう、そんな感じです。

そんな草花において例外的に冬の戸外で楽しめるのがハボタン。ハボタンはアブラナ科アブラナ属、そう、菜の花やキャベツの仲間です。ハボタンの歴史ははっきりとはしていませんが、安永七年（一七七八）山岡恭安（やまおかきょうあん）が著した『本草正正譌（ほんぞうせいせいか）』草部（そうぶ）／甘藍（かんらん）の項に
「俗名ハボタン又牡丹菜（ぼたんな）ト云菘（いうすずな）ノ類（たぐい）ナリ」

と初めて登場し、日本以外にはその存在がなかったことから、江戸時代以前に渡来した食用の品種を江戸前期に国内で観賞用に改良したものとされています。つまりハボタンは百パーセント日本人により品種改良が行われ、食用から観賞用へ大変身（だいへんしん）を遂げた園芸植物なんですね。

「日本人が作り上げたって聞くと悪い気しないね～」

そうでしょっ！ちなみに名古屋ではちりめんハボタンが開発され、戦前まで名古屋はハボタンの大産地だったんです。

古くより冬の風物として日本人に愛されてきたハボタンですが、近年は葉の表面に光沢がある照葉タイプの品種をはじめ、花と見間違うような美しいものがたくさん作られています。

「ガーデニングはしばらく一休み、ホッ！」と思われていた皆様、ごめんなさい。ハボタンのおかげで、近頃、日本の冬はガーデニングシーズンに編入されてしまっています～！

【スイセン】水仙　一月

寒ともなると、いつ雪が降りだすかと心配で、庭木の養生などが気がかりになりながらも、結局は何もしないでやり過ごす・・・。そんな不精な冬越しをもう何年もしているのに庭木が傷まないのは、やはり温暖化により、冬の気温も年々上昇していることとは無関係ではないでしょうね。とはいうものの、一年で最も冷えるこの季節。決して観賞できる花は多くないのですが、その中にあって、寒さをものともせず花を咲かせるのがスイセンです。

スイセンは地中海沿岸原生のヒガンバナ科スイセン属の総称です。九世紀以前にはシルクロードを通じて唐に伝わっており、日本へは文安元年（一四四四）に著された博物辞書『下学集』二巻、草木門に

「水仙花・・・又日本に名づけて曰く雪中花と也」

の表記があることから、室町時代中期あたりにはすでに存在したと考えられています。

スイセン属の学名はナルシッサス（*Narcissus*）。このナルシッサスとは、ギリシャ神話において水面に映る自分の姿をうっとり見つめる少年、そうナルシスト（自己陶酔）という言葉のもととなったあの美少年のこと、そしてスイセンはナルシッサスの化身ということです。

「この話は聞いたことがありますわ」

「僕も。でも、スイセンに繋がることは知らなかったなぁ」

いいですね！こんな感じで話を膨らませていただければ、「花文化のある日本」が身近になっていきそう！

スイセンはあまり派手ではないものの、花を長く楽しむことができ、とても育てやすい花です。排水の良い場所に植えておけば、植えっぱなしでも、年々ひとりでに増えていってくれます。一月から咲き始める日本スイセンに始まり、暖かくなってからやっと花を開くものまでいろいろな品種があるから球根選びも楽しいですよ。ただし、毒性があるので決して口に入れないでくださいね。

【サクラソウ】桜草　二月

まだまだ寒い日が続きますが、節気の上ではいつのまにか春を迎えます。今の気温では、とても庭いじりを満喫するというわけにはいきませんが、この時期園芸店をのぞいてみると、いろいろなサクラソウの仲間を見つけることができます。サクラソウはサクラソウ科サクラソウ属の総称です。

さてこのサクラソウ、世界中に原種が存在し、そこから生まれた園芸品種も多種多様なのですが、日本にも独自の種があり、特に日本サクラソウと呼ばれています。以下日本サクラソウを単にサクラソウと呼ばせていただきます。

サクラソウは日本の古典植物の一翼を担う存在で、戦国時代初期の文明(ぶんめい)年間には、すでに栽培が始まっていたことが手記に残されています。その後も『花壇綱目(かだんこうもく)』をはじめ、たびたび主要な文献・絵画に著され、文化・文政期には熱心な花オタクたちにより花相撲(はなずもう)(花の品評会)が開催されていました。その後、花オタクの嗜好(しこう)の矛先がキクやアサガオに移っていったため、サクラソウの人気はやや落ち着きますが、現代でも全国に熱心な愛好家がおり、愛好団体がこれを守り、発展させています。

「でも、サクラソウって、花屋さんではあまり見かけないんですけど・・・」

そうですね。花屋さんで見かけるのはほとんどが外来種との交配で生まれた品種です。サクラソウ属を学名でプリムラ（*Primura*）属というので、お店で見る品種も「プリムラ※※」と表記されているものが多いと思います。最近は八重のプリムラも加わり、色も鮮やかなものが多いですね。古典植物としてのサクラソウの多くは山野草のお店で扱うのが普通のようです。ご興味のある方は山野草取り扱い店やネットで探してみてくださいね！

古典園芸植物でもあるサクラソウ

【ユキヤナギ】雪柳　三月

日脚も日に日に延び、何となく春の足音も聞こえて来るようで、お花好きの人にとってはお庭に出られる日が待ち望まれるこの頃ですね。花木では梅、椿がピークを迎え、早咲きの桜もう始まっています。そして、今年も中旬あたりからユキヤナギが咲き始めることでしょう。

ユキヤナギはバラ科シモツケ属の落葉低木で、東海道沿線では三月の中旬ごろから四月上旬あたりにかけて、真っ白な花を咲かせます。花一輪の径は1㎝にも満たないほど小さいけれど、咲く花の数は一枝でも数十輪で、その枝が柳の枝のようにたくさん伸びているので、一つの木に咲く花の数はとても数え切れるものではありません。立派なユキヤナギの木が満開になると、あたかもヤナギに雪が積もったかのように見えることから、この名がついたのでしょうね。ユキヤナギは、以前は中国から渡って来たものと思われていたのですが、近年は日本各地の山間渓谷で見かけられることから、日本にも自生していたとの説を唱える声が主流になりつつあります。『群書類従（ぐんしょるいじゅう）』（安永八年）の和歌の部に収められた『近江御息所歌合（おうみのみやすどころうたあわせ）』

（九三〇年頃）には
「いはや難支（いわやなぎ）は那色（はな）み見れば　山川の　水のあやとぞ　あやまたれける」

の歌が見られます。歌の冒頭にある「いはやなぎ（岩柳）」はその後の文献からユキヤナギを指していることがわかり、平安中期にはすでに庭木として植えられていたと考えられています。

「う〜ん？でも、この歌は中国に渡った人がその情景を詠んだとも解釈できるんじゃないの？」

おっと、いいところ突いてますね！しかし、ユキヤナギの中国名には「珍珠花（ジェンジューフア）」をはじめいくつかの呼び名がありますが、今のところ「岩柳」の名称は見当たらないようなので、理屈としては成り立っているようです。

ユキヤナギは一般的に生垣として背が低く刈りこまれていることが多いですが、場所によっては深く刈りこまず、枝を長く、大きく育てているところがあります。そのような場所では本当に見事な雪の舞をみることができます。皆さん是非探し当てて楽しんでくださいね！

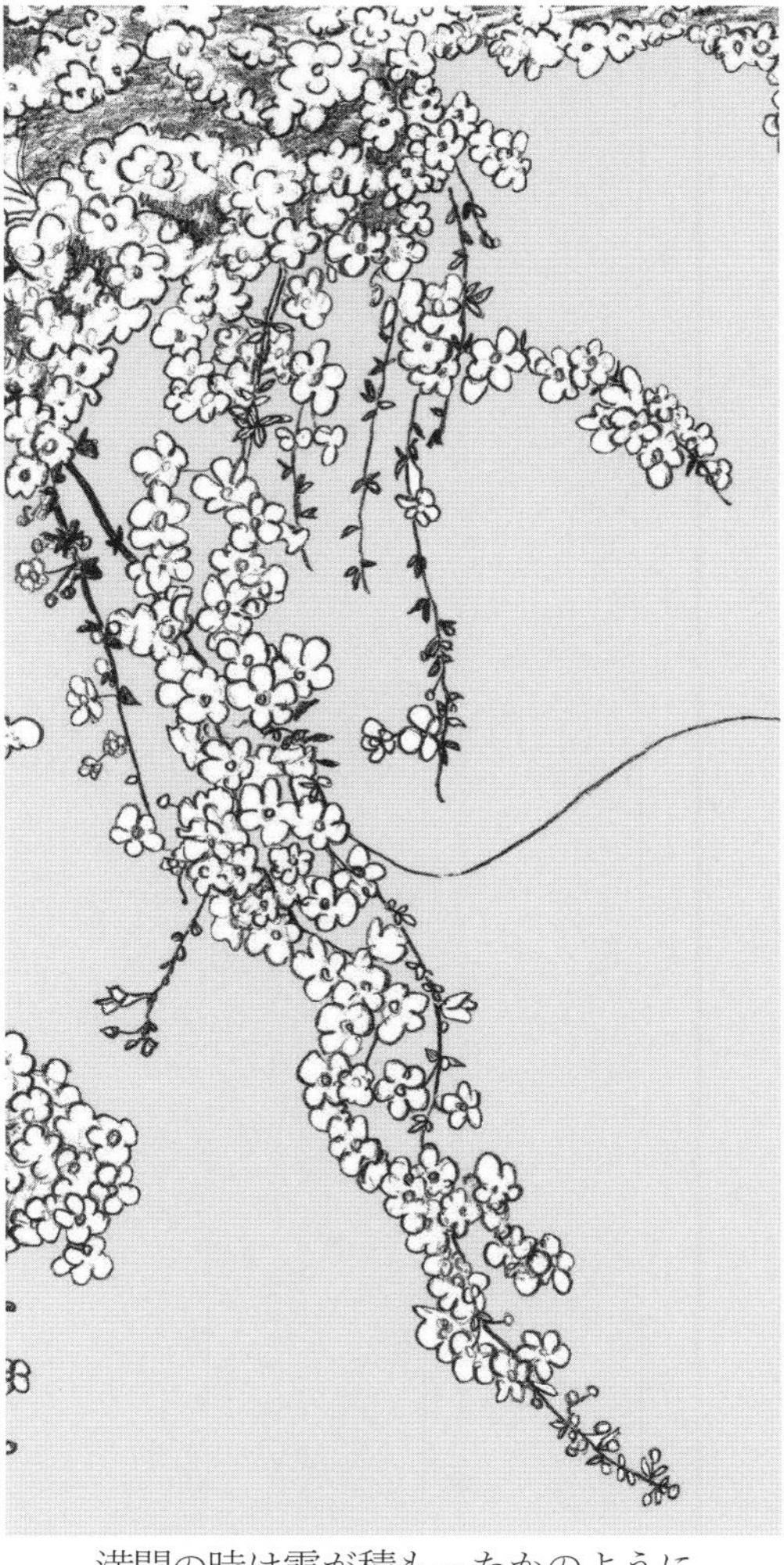

満開の時は雪が積もったかのように
白いユキヤナギ

【お花の歳時記　三年目】

【ツツジ】躑躅　四月

春分を過ぎ春も深まってまいりました。満開の桜の下で友と酒を酌み交わしながら
「桜が散ったら次はどの花で一杯かな～？」
などと不謹慎にも花を酒の肴に例えてみたところ
「決まってるでしょ。ほら、そこに今にも咲きそうな蕾がいっぱいあるじゃない！」
と号令をかけた友人の指先を見れば、ツツジの生垣があるではありませんか。というわけで、今回はツツジについてお話ししたいと思います。ツツジは一般的にツツジ科ツツジ属のうち日本原産のヤマツツジの仲間とそこから育種された品種を指します。

　ツツジの歴史は古く、万葉集第九巻に
「細比礼乃（たくひれの）　鷺坂山（さぎさかやまの）　白管自（しろつつじ）　吾尓尼保波（われににほはね）　妹尓示（いもにしめさむ）」
（たくひれの　鷺坂山の　白躑躅　我ににほはね　妹に示さむ）

と詠われています。

「たくひれの？って？」

ああ、これは「白」にかかる枕詞です。この歌はツツジの花の白さを鷺の白さに掛けて、その美しさを恋人に伝えたいとの気持ちを詠ったんですね。

ところでこのツツジ。漢字で書くと「躑躅(つつじ)」ですが、これは奈良時代以前に中国より渡来した本草書(ほんぞうしょ)（薬用博物の書）である『新修本草(しんしゅうほんぞう)』の第二巻に羊躑躅(ヤンズイーズイー)（ようてきちょく）とあるのを見た深江輔仁(ふかえのすけひと)が自作の本草書『本草和名(ほんぞうわみょう)』に転載する折、この名を誤って日本のヤマツツジの類に当てたことから始まったとか。

羊躑躅は今のシナレンゲツツジを指す固有名詞で、ツツジの仲間全体を表す漢字ではありません。レンゲツツジには強い毒性があります。古来躑躅(てきちょく)の漢字の意味は「躊躇(ちゅうちょ)する」で、毒のあるこの種(しゅ)の葉を羊が食べるのを躊躇することから付けられたようです。結果、日本のツツジは中国のツツジ属とは別の漢字を持つこととなりました。ちなみに中国ではツツジを杜鵑(ドゥージュアン)（ほととぎす）と表現します。

「例にもれずツツジの命名もこんな感じだったんですね〜！」

はい、中国から日本への花の異文化屈折の歴史は古典落語にも引けを取りませんよ。おかげさまで中国の花卉協会の皆さんとの会話では話のネタに困ったことがありません。

一言でツツジといっても、ヤマツツジ、クルメツツジ、キリシマツツジ、ゲンカイツツジ、ヒラドツツジ、レンゲツツジ、ヤシオツツジそしてサツキや西洋種のアザレアなどなど、その範囲は広く、簡単には言い表しづらいのですが、私たちが普段目にするものの多くは、ヒラドツツジの系統とサツキあたりでしょうか。比較的背の高い生垣で、四月中旬から濃ピンクや白の大輪の花が咲いていればヒラドツツジ系。背が低めで五月中旬に小さな葉の中に花が咲いていればサツキの系統です。

ツツジは用途も広く、緑化樹や生け垣はもとより、庭木や盆栽にもなります。盆栽と言っても、黒松やモミジのそれと違い、花の咲いた盆景なので、初めてでも親しみやすいと思います。きっと色鮮やかな和の世界のおもてなしを楽しんでいただけることでしょう。

特にサツキの開花時期ともなると、各地域の愛好団体がサツキの盆栽をお披露目するサツキ展を開いているので、お時間のある方は一度お立ち寄りください。

枝ぶりとともに花が見事なサツキの盆栽

【クレマチス】鉄仙　五月

ゴールデンウィークに突入したあたりから初夏の日差しが現れはじめています。もう立夏、夏なんですね。さて、ここで問題。

「春先に枯れた蔓（つる）やその足元からニョキニョキッと芽を出し、その後段々と蔓を伸ばし、初夏から梅雨にかけて咲く花は？」

「う～ん、アサガオはまだ早いし～」

「フジ?!」

「フジの花は梅雨までもたないよ」

「じゃあ、鉄仙（てっせん）！」

お、当たり！そうです、テッセン、つまりクレマチスですね。ちなみに江戸時代以前に中国原産のクレマチス「鉄線蓮（ティエシエンリエン）」が日本に伝わり、以降日本国内ではこれを「鉄仙」とも呼んでいました。

クレマチスはキンポウゲ科センニンソウ属（クレマチス属ともいう）に含まれる種（しゅ）を指し

ます。原産地は北半球に広く点在しており、地域によって見た目や性質に大きな差がありま す。したがって、クレマチスという言葉では花の形を言い表すことができないので、「科」「属」の下の分類単位である「節（せつ）」「亜節（あせつ）」「種（しゅ）」あるいは「～系」で呼ぶことが多く、「クレマチス」の表記に「ビオルナ」とか「パテンス系」などと併記されます。

「なんか、細かそ～！」

そうですね、このあたりはクレマチスに慣れた人が気にされればよいと思います。でもあえて細かい話をしたのは、クレマチスの原産地の一つが日本であり、その種（しゅ）の一つ「カザグルマ」が大輪のクレマチスの祖になっているからです。カザグルマの血筋のクレマチスは「パテンス系」と呼ばれ、世界中のガーデンで親しまれています。

「名前は洋風でも、大和撫子だったのねっ！」

ね、ちょっと親しみがわいたでしょ？

初夏のすがすがしい季節にクレマチスが伸びながら咲き進む様子を眺めてみてはいかがでしょうか。まだ間に合いますよ！

クレマチスカザグルマの原種

上：下相野のカザグルマ

下：東和のカザグルマ

【ハンゲショウ】半化粧　六月

節気は小満、芒種と移り、さらに夏至に向かって日脚はピークを迎えます。これからやってくる梅雨と酷暑の前に、夏物の苗の植え付けやお庭の手入れをしっかりとやっておきたいところですが、今はバラやハナショウブが盛りとなるので、あちらこちらへとお花を眺めに出かけることも多くなりますね。

この時期、出かけた先が水辺のあるところであれば、ハンゲショウを見ることがあります。

「ハンゲショウって葉っぱが半分白くなるやつだよね！」

ピンポーン、正解です。

ハンゲショウはドクダミ科ハンゲショウ属の一種で、中国の黄河・揚子江流域、ベトナム、フィリピン、日本の湿地帯に自生しており、葉の半分が白くなることから「片白草（かたしろくさ）」とも呼ばれています。古くは『本草和名（ほんぞうわみょう）』（延喜（えんぎ）十八年）にハンゲショウの中国名である「三白草（サンバイツァーオ）」の和名として、この時代のハンゲショウの通称「加多之呂久佐（かたしろくさ）」の名で登場しています。珍しくこの翻訳は間違っていませんでした。

「ふふふ、今回ややこしいお話はありませんでしたのね」

ええ、残念ながら（笑）。

ハンゲショウを漢字で書くと「半夏生」または「半化粧」です。ちなみに、七十二候のうち夏至の末候にあたる「半夏生」は「半夏が生える」ことから名づけられた名称ですが、この半夏とはカラスビシャク（烏柄杓）というサトイモ科ハンゲ属の一種を指します。したがって、七十二候の「半夏生」とここで紹介した「半夏生」は本質的に関係ありませんので報告申し上げておきます。

まるでドーランを塗ったかのように
真っ白な葉が出るハンゲショウ

【ハマユウ】浜木綿　七月

夏の焼き付けるような日差しに「やくや藻塩の身も焦がれつつ」な毎日ですが、就学者のみなさんにおかれましてはもうすぐ長い長い夏休みが待っています。もう旅行の計画をたてている人も多いと思いますが、日本の夏旅の候補には必ず「海」が持ち上がりますよね？

「まあ、島国だからね」

そうですね、たとえ内陸部にお住まいの人でも比較的気楽に海に行けるのは日本の国土の特色かもしれません。

さて、この時期海辺に行くと、ハマユウの花が咲き始めています。ハマユウは東南アジア原産のヒガンバナ科ハマオモト属の多年草で、日本では太平洋側の海岸線に広く分布しています。

「海藻じゃないのにどうしてわざわざ海沿いで育っているのかね？」

いいツッコミですね！ハマユウが海沿いに生息しているのには理由があるんです。ハマユウの種は海水中でも長期間生きていて、海流によって移動できます。漂着した浜辺で発芽・

生息し、また種子ができると新たな浜辺を求め移動していきます。ハマユウは競争の激しい内陸を避け、しかも潮の流れによって分布域を広げるという特殊な能力を持っているんですね。そういうわけで南方生まれのハマユウが、古くから日本に根を下ろしたのもうなずけるわけで『万葉集』巻四には柿本人麻呂によって

「三熊野之(みくまのの)　浦乃濱木綿(うらのはまゆふ)　百重成(ももへなる)　心者難念(こころはおもへと)　直不相鴨(ただにあはぬかも)」
（み熊野の　浦の浜木綿　百重なる　心は思へど　直に逢わぬかも）

と歌われ、『源氏物語』にも

「浜木綿(はまゆう)ばかりの隔(へだ)て、さしかくしつつ、なにくれと、もてなしまぎらわし給ふめるも、むべなりけり」

と登場しています。

「どういう内容ですの？」

人麻呂の歌では、思い人に会いたいけれども会えない原因となっているたくさんのハードルをハマユウの花びらが重なり合っている姿に例えています。『源氏物語』では、光源氏が、容貌は優れていないが性格がすばらしい妻(つま)、花散里(はなちるさと)を、ちょっと距離を置きつつ、長く大事にしてきたその距離感を、源氏の息子がハマユウの花びらの数として推し量ったものです。良し悪しは別として、何となくちょっと手が届かない雰囲気を表現するにはうってつけの花だったようです。それでは、今年の夏、海辺に出かけることがあれば、ハマユウ観賞もしてみましょう！

ハマユウは競争の少ない浜辺で生息する

【ヒマワリ】向日葵　八月

小学生から大学生の皆さんはすでに夏休み、サラリーマンはお盆休みに向けて半年分の仕事納めモードの二週間がはじまりました。でも、暑さがピークの中、集中力も途切れがちで、書き損じる書類のなんと多いことでしょう。こんな酷暑の中でドッシリと花を咲かせるヒマワリにあやかりたいものです。

「ドッシリって、ヒマワリは太陽に向かってくるくる動く落ち着きのない花ではありませんの?」

ええ。昔からそういわれてますが、さて、実はどうでしょうか?

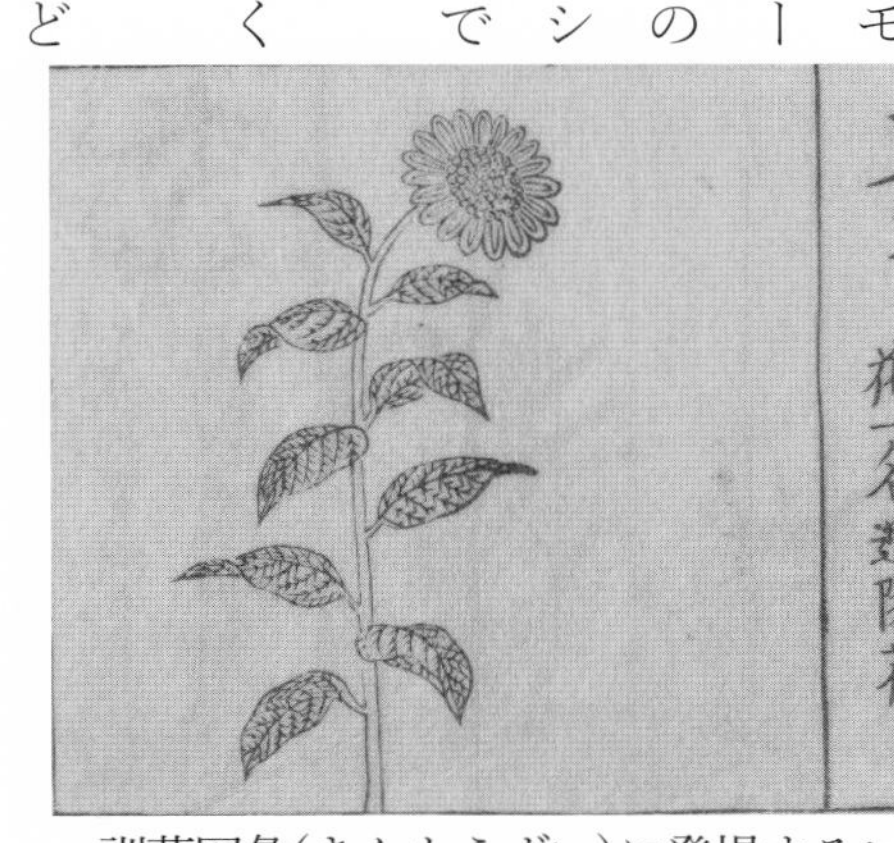

訓蒙図彙(きんもうずい)に登場するヒマワリ
国立国会図書館蔵

ヒマワリは、キク科ヒマワリ属に含まれる種(しゅ)を指します。原産は北アメリカ中西部で、アメリカ大陸の発見後、スペイン、イギリス、ロシア、中国を経て、日本へと渡ってきました。
『訓蒙図彙（中村惕斎、寛文六年）』巻第二十花草の部の附には

「丈菊、俗に云うてんがいばな(天蓋花)、丈菊花、一名、迎陽花」

とあることから、これ以前に渡来していたと考えられています。今ではすっかり日本の風土に溶け込み、この時期はいろんな場所でヒマワリ畑を見ることができますね。また、全国の多くの市町村でシンボルの花とされ、福祉施設やバスの名前にもなっています。
「そうそう『ひまわり・・・』といえば福祉関係かな?と思えるほど広まってる」
ほ〜んと、そうですね〜。ところで、ヒマワリが太陽に向かって動くというのは本当でしょうか?・・・
実は本当なんです。しかし動くのは伸びつつある花芽。ヒマワリの花芽は上に向かって伸び、この伸びる早さは日の当たる側と日の当たらない側（茎の裏側）で違い、日の当たらない

側の方が早いのです。したがって日を受けながら花芽は太陽に向かってお辞儀をするように伸びていきます。この動きは花芽が蕾になるまで続くので、あたかも蕾が太陽を追いかけて動いているように見えるんですね。

ちなみに蕾が開く時は、もう伸びないので、動かなくなりますが、この時花は太陽の向き、南側を向いて咲いた状態で止まっています。そこに咲いているヒマワリすべてがこの状態になるので、例えばそこがヒマワリを何万本も植えた畑であれば、何万本もの花のすべてが同じ向きを向いて咲いているわけで、これを花が咲いている側から見ると見事な光景となるわけです。

ひまわり畑に行ったら、眺める向きを間違えないでくださいね！

ヒマワリの花首は
花が開いたらもう動かない

【リンドウ】竜胆　九月

暑さも峠を越し、蝉の声も日々遠ざかっていくこの時期。若い頃は何かをやり残したまま夏が過ぎ去ってしまうようで、もの悲しさを感じたものです。

「分かる分かる。夏休みの終わりには、もっと勉強すれば良かったなぁっていつも思ってた」

「私は好きな人に思いを伝えられなかったのが残念」

うーんまさにそんな夏の終わりでしたね。そんなセンチメンタルな秋の始まりですが、見渡せばいろんな花を観ることができます。その中でもひときわ個性的なのがリンドウの花です。

リンドウはリンドウ科リンドウ属を指し、世界中にたくさんの種（しゅ）が生息しています。日本にも独自の種があり、山野・湿原で見ることができます。このうちササリンドウとエゾリンドウなどから改良された品種が鉢花や切花として栽培されているので、この時期お花屋さんに行けば、たいてい並んでいます。リンドウの花の個性は吊鐘状の形もさることながら、その色合いにあります。濃青紫の鮮やかさは他の草花を圧倒し、『枕草子』の「草の花は」にも

「りうたん・・・いとはなやかなる色あひにてさし出たる、いとおかし・・・」

（竜胆・・・いと華やかなる色あひにて差し出たる、いとおかし・・・）

と表現されています。

リンドウは中国語の「竜胆（ローンダン）」を音読みした日本語ですが、その命名については伝説が残っているので、ここにご紹介して、今回は失礼いたします。


昔、蛇神（へびがみ）は曽童（ツォントン）という貧乏な牛飼いを、その誠実さを見込んで養子にする。成人した曽童は自立にあたり、母からの餞別として、母である大蛇（だいじゃ）（蛇神）の腹に入り、胆を針で突き、その胆汁を一瓶分けてもらう。曽童が都へ赴くと、皇帝が太子の胃の病を治す者を探していた。曽童は太子に胆汁を施し、病を治した。しばらくすると今度は皇女が同じ病になり、皇帝は皇女と結婚させることを条件に曽童に皇女を治すよう頼んだ。曽童は蛇神を訪ね、改めて胆汁を要望した。蛇神は少しであれば構わないと、曽童を腹に入れたものの、曽童は欲が膨らみ、必要以上に胆を刺し、多くの胆汁を出させた。蛇神は痛みに耐えきれず口を閉じ、曽童は腹に閉じ込められ死んだ。蛇神の腹からは胆汁が地面に流れ落ち、雑草が蛇胆草（シェアダンツァーオ）に変わった。曽童は自業自得であるが、皇女の病は治さねばと蛇神は老婆に化身し、皇女に蛇胆草を施し、皇女の病は回復した。皇帝は喜び薬草の名を尋ね、「蛇胆草」と聞いたものの、なぜか「竜胆草（ローンダンツァーオ）は良い、竜胆草は良い」と思し召しになり、以後この草を「竜胆（ローンダン）」と呼ぶようになった。その後蛇神寺（へびがみでら）が建てられ、寺には一対の言葉が刻まれた。

「心平还珠蛇神为娘，心贪刺胆蛇娘吞相」

（誠実であれば欲を持たず蛇神を母として敬い、欲深ければ母の胆であっても刺し、身を亡ぼす　意訳：筆者）

【チャ】茶　十月

秋分を過ぎ秋の深まる中、淹れたてのお茶の熱さにもありがたみを感じるこの頃です。

「やっぱり熱い緑茶が一番だね〜！」

「ほんとほんと、ウーロン茶や紅茶も悪くないけど、日本人には緑茶よね〜！」

と、日本人にとって緑茶は他のお茶より格別に親近感のある存在ですが、実は中国人が一番飲んでいるお茶も緑茶です。しかも、日本人の喫茶習慣がコーヒー、紅茶等によって緑茶と同程度まで浸食されているのに対し、中国では未だにほぼお茶のみを愛飲する人が多く存在しています。

「へぇ〜、やっぱこれも中国か！」

そうなんです。お茶を採取する木である「チャ」の学名は *Camellia sinensis* です。

「あれ？何か前に出てこなかった？」

そう、おととしの春にツバキのお話に登場した *Camellia japonica* とよく似てるけど、*japonica*（日本由来）が *sinensis*（中国由来）になってますね。そう、学術的にもチャは中国のものとして認められています。

チャは九世紀はじめに最澄によって中国から日本へ持ち込まれ、比叡山山麓に植えられたのが始まりということで、同時代の嵯峨天皇もこれを飲まれたそうです。このチャが後世に残ったかは不明ですが、鎌倉時代になって栄西が修行先から持ち帰ったチャの木を根付かせ、栄西自筆の指南書『喫茶養生記』とともに国内に広まりました。余談ですが、この時栄西が修行をしたところが現在の浙江省北西部にある天目山です。この時代この場所には緑茶を粉末にした抹茶を飲む習慣があり、これが栄西によって日本に伝わり、日本の抹茶の元になったと考えられています。国宝の曜変天目に代表される「天目茶碗」の名はこの茶碗が天目山の寺院で使われたことから付けられたんですね。

残念ながら現代中国では抹茶を飲む習慣が途絶えています。以前、北京で日本の椿の展示会を行ったとき、来場者に日本の抹茶をたててお出ししたことがあります。北京の皆さんは一様に今まで見たことのない大きな茶碗とその中で泡立つ緑茶を神妙に眺めていましたが、日本の椿と中国のお茶の関係や日本の抹茶の由来について説明をして差し上げると、安心して味わっておられました。

ちょっとお花の話題から遠ざかってしまいましたね。中国ではお茶の葉と花を区別するために、茶の花を茶樹花（チャーシューファ）といいます。茶の花は前述のとおりツバキ属なので、日本のヤブツバキ、いわゆる椿の花によく似ています。ただし、椿においては一重、八重、千重、唐子と様々な花型と豊富な色合いの品種が作出されているのに対し、茶の花は一重の白花しか見たことがありません。これは花ではなく喫茶の原料としての性質を重んじ改良されてきたからにほかなりません。

めったにお目にかかれませんが、チャツバキといってヤブツバキとチャの交配によってできた品種もあります。これらは花や葉にチャの形質をのこしつつも、花色がピンクのものもありますよ。

茶の花を観る機会は少ないと思いますが、茶畑はもちろん生け垣や公園の一角でも見かけることがあるかもしれません。もし見つけたら目でも味わってくださいね！

【古典ギク】古典菊　十一月

令和元年は北京で園芸博覧会が開催されました。この博覧会はＢＩＥ（博覧会国際事務局）のＡ１類博覧会で、規模は以前日本で開催された大阪花博や愛・地球博に相当します。四月末から十月七日までの約半年間続いたこの博覧会の最後三週間を飾ったのはキクです。

「えっ？菊は十月の終わり頃に咲くんじゃないの？」

そうです。キク属の多くは十月中下旬に咲き始める秋ギクで、これを十月初旬に会期が終了する博覧会に展示するというのは本来無理があります。

「で、なんで九月に展示できるワケ？」

それは・・・

品種によって少々差はありますが、秋に咲くキクの多くは日照時間が十三時間前後を切ると、それまでスイスイ伸びていた茎や枝の先にある芽が伸びるのをやめて、花芽に変化します。例えば東海地方なら八月末あたりの日照時間が十三時間なので、この頃から芽が花芽に変化し始め、九月の末頃に蕾が見え始め、十月の末頃に開花といった具合です。

「それなら、暗幕で覆って真っ暗な時間を増やせば、早く咲くってことよね？」

ご名答。秋ギクは日照時間を増減することで開花時期をずらすことができるので、ご推察のとおり遮光により日照時間が十三時間を切る時期を一ヶ月早めることで、九月に展示できたんですね。反対に日照時間を伸ばすと開花時期を遅らせることができるわけで、有名な渥美半島の電照菊（でんしょうぎく）は、本来一時期に咲いてしまうはずのキクを電照によって開花を長期に分散させて出荷してるわけです。光だけですべての開花時期を調整しているわけではありませんが、私たちが一年中キクを手に入れることができるのはこのおかげです。

愛知豊明花き流通協同組合は北京世界園芸博覧会事務局と中国菊花協会から依頼を受け、北京世界園芸博覧会において保存・育種してきた古典菊百種三百五十鉢と菊人形を出展し、日本独自の菊文化を世界に紹介しました。

古典菊とは中国から渡って来た大菊や小菊とは別の流れで、日本独自に作られたキクのうち、百年以上の歴史を持つものを指します。

「前に菊は中国の舶来品って言ってたけど、それとは違う菊ってこと？」

そうなんです。これはつい最近分かったことなんですが、日本の古典菊は中国にはなかったものです。古典菊は江戸時代から戦前には、その花の大きさから、大菊、小菊に対して、「中菊」と呼ばれていました。大きく嵯峨菊、伊勢菊、丁子菊（ちょうじ）、江戸菊、肥後菊に分類でき、このうち嵯峨菊は平安初期に嵯峨天皇が離宮にある大沢池（おおさわのいけ）に浮かぶ菊ヶ島に自生していた野菊をもとにして作り上げた菊との伝説があります。

「へぇ〜。菊と言ったら大菊を思い浮かべてしまうなぁ」

「だいたい、古典菊なんて見たことも聞いたこともなかったね」

そうなんです。日本国内でもまだまだマイナーな存在で、これを見られるところは多くありません。

「でも、こちらが日本独自のものなんですよね？」

はい、そうなんです。この古典菊を日本国内で皆さんに知ってもらうことで、日本の花文化の厚みが大きく増すと考えています。

ではここで簡単に古典菊の各系統の特徴を紹介させていただきます。

○嵯峨菊　嵯峨菊は花弁が細長く松の葉のようです。この花弁がよじれず真っすぐ伸び、花弁の先がやや花の中心に反り、花一輪が茶筅（ちゃせん）のような形をしたものが最良とされます。

嵯峨菊

伊勢菊

○伊勢菊　これは伝説的に京都から伊勢神宮に派遣される斎宮（さいぐう）が、嵯峨菊を改良して作らせたキクとの説があります。嵯峨菊の花弁が真っすぐ細長いのに対して、伊勢菊の花弁は縮緬状（ちりめんじょう）で、下垂（かすい）します。その姿は水が流れ落ちる滝のようにも見えます。

○丁子菊　江戸時代中期に作出されたキクで、花の中央の筒状花の面積が広いのが特徴です。花型が丁子（クローブ）という花に似ていることからこの名で呼ばれるようになったと言われます。これを元にヨーロッパで洋菊が作出されたので、古典菊ながらモダンなルックスです。現代このタイプのキクをアネモネ咲と総称します。

○江戸菊　江戸時代後期に大流行したキクです。満開になった後、一週間ほどをかけて、外側の花弁が内に、内側の花弁が外に反っくり返り、まるで踊っているかのような動きをします。これを「花芸（はなげい）」（あるいは「花芸（かげい）」）と呼び、花芸を終えた状態を「芸の極（きわま）り」と呼びます。キクに限らず、世界中の他の品種にも例を見ない特殊な動きをするキクの系統です。

○肥後菊　肥後菊は現代でいうところの風車菊の一重のものから、優れているものを選抜したもので、肥後熊本藩第六代藩主細川重賢が定めた肥後六花の一つに数えられるキクです。厳格な作法に則りつくられる肥後菊花壇は、見るものをうならせます。

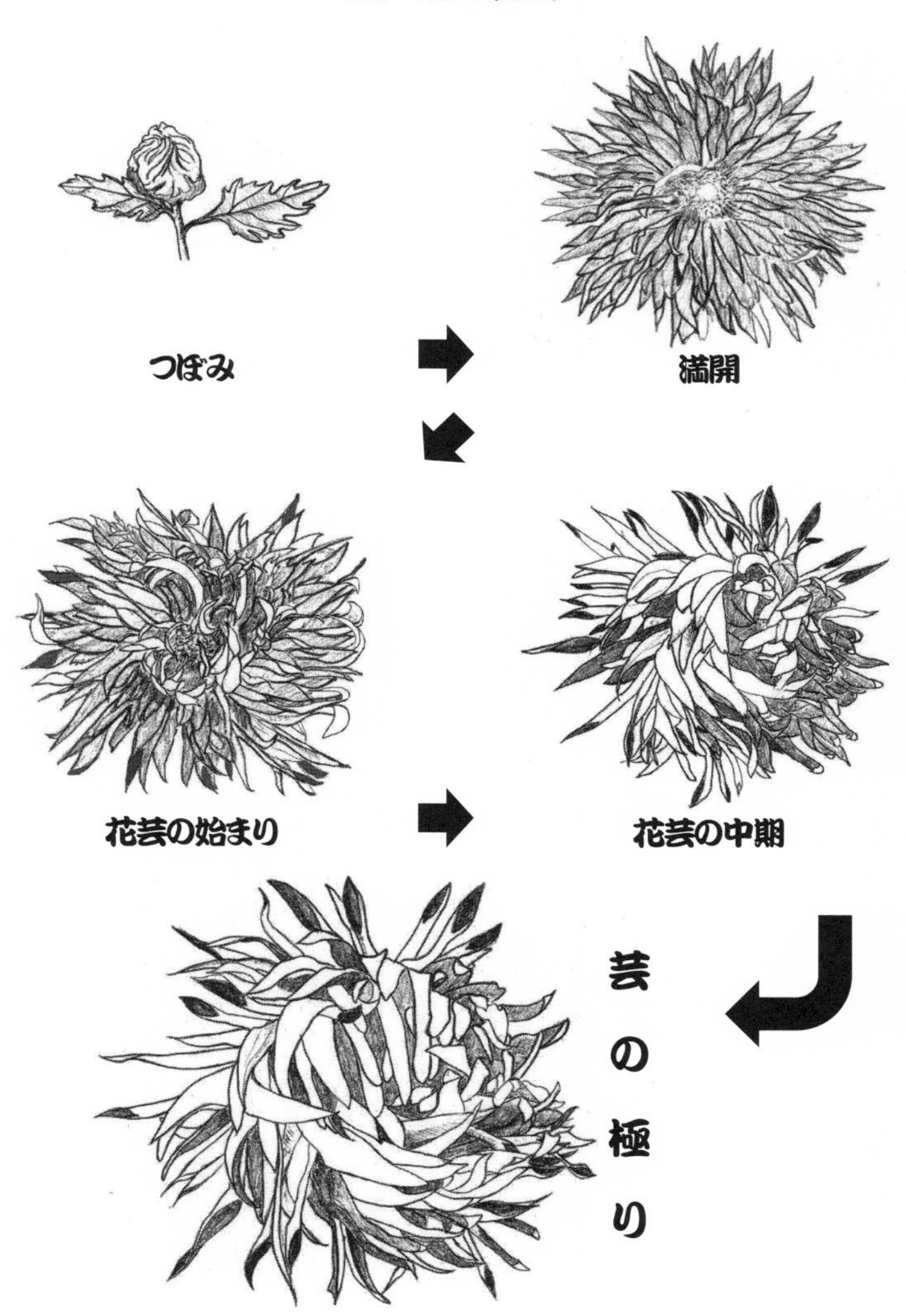
江戸菊の花芸
つぼみ
満開
花芸の始まり
花芸の中期
芸の極り

【シクラメン】篝火花　十二月

昭和の話になりますが

「真綿色した〜シクラメンほど、清しいものはない〜・・・」

と始まる歌が大ヒットしました。多分私以上の年齢の方のほとんどはこの歌をご存知だと思います。そしてこの歌をもってシクラメンという花は日本国民に広く知られることとなったわけです。

「そうだね〜。私はシクラメンがどんな花かは知らなかったけど、この歌のおかげで名前だけは覚えちゃいましたよ。」

「わしも。で、どんな花だったかね？」

いやいやご謙遜を。先輩方でシクラメンの花をご存じない方も珍しいと思いますが、あらためてシクラメンをご紹介させていただきましょう。

私たちが普段目にするシクラメンは地中海沿岸に自生するサクラソウ科シクラメン属の種を観賞用に改良したものです。十八世紀にイギリスで栽培がはじまり、これ以降ヨーロッパで新たな品種が作られ、戦後日本でも栽培がはじまりました。その後日本ではシクラメンの需要の伸びに従ってシクラメンの栽培者が増え、栽培技術が著しく進歩しました。現代日本のシクラメン栽培技術は間違いなく世界最高です。毎年年末近くになるとシクラメンの品評会が開催され、日本全国で栽培されたシクラメンの中からその年最高の逸品が選び出されます。葉っぱは緑から銀色の中間色で、品種によって様々な斑模様が入ります。匠のシクラメン農家によって葉の姿が綺麗に整えられたものは花の見事さはもちろんのこと、その葉姿だけでも十分に観賞価値があります。

ところで、シクラメンの花って逆さまに咲いてるって知ってました?

「えっ?いつも見てるけど、そうだったっけ?」

意外と知られてないけど、よーく見ると面白い咲き方をしてるんです。シクラメンの花は蕾の段階からお辞儀をしたように下を向いていて、その体勢のまま茎が伸び、花は真下を向いて開きます。そのまま咲き進めば、下を向いてるのがバレバレだけど、花びらは平開でとどまらず、花の後ろ側までそっくり返ります。

「あら、ほんと！カタクリの花みたいに逆さに咲いてる」

その通り。カタクリとほぼ同じ咲き方です。たくさんある花のすべての花びらが揃って上を向いてしまうので、あたかも普通に咲いているように感じてしまうんですね。お時間があれば、ぜひ確認してみてくださいね！

下を向いてそっくり返って咲くシクラメンの花

【マンリョウ・センリョウ】万両・千両　一月

日本ではお正月に厄除けや縁起物として、松竹梅の他、赤い実のついた枝や鉢を家の外や玄関に飾る習慣があります。

「それ、南天でしょ？」

お、正解です。ナンテンの枝には大きめの赤い実が着くので、お正月にはその切り枝や盆栽がよく使われます。

「万両ってのもあるよ！」

「千両もよく使いますわ。」

よくご存じですね。マンリョウはサクラソウ科ヤブコウジ属の東アジアに広く生息する種（しゅ）で、正月に赤い実の着く鉢物の代表です。センリョウはセンリョウ科センリョウ属で、同じく東アジアに分布し、我々が正月の縁起物にする枝物の代表です。

「ところで、万両、千両と言うからには百両もあるのかしら？」

はい、あります。ヒャクリョウはマンリョウの仲間でカラタチバナ（唐橘）という種（しゅ）の別名です。カラタチバナは江戸時代寛政年間に大流行し、斑入葉のでる品種や葉の形が変化した品種が見つかると家一軒より高値になることもあったとか。この品種は中国でも「百両金（バイリアンジン）」と呼ばれ、縁起物とされています。

「百両があるなら十両（じゅうりょう）は？」

ありまます。ジュウリョウはヤブコウジ（藪柑子）の別名です。

「さすがに一両ってのはないよね？」

ふふふ、実はあるんです。イチリョウはアリドオシという低木の別名です。

「ほ～！全部あるんだね？まいりました。」

ははっ。まあ後半は洒落が高じてつけられた名称でしょうが、このように必要以上に突き詰めるのは日本式。日本の花文化も例外ではありませんね。

登場した植物は、どれも晩春から夏にかけて花が咲き、その花が年末に赤い実に代わります。陽があまり当たらず、やや湿った場所があれば、ご自宅でも栽培できますよ。縁起担ぎに一つ植えてみてはいかがでしょう？

鳳凰尾橘（ほうわうびたちばな）

葉の形鳳凰の尾に似たるを以って名付く、至って珍木なり。
実は紅なり。葉の長さ凡そ七寸、幅凡そ三分。

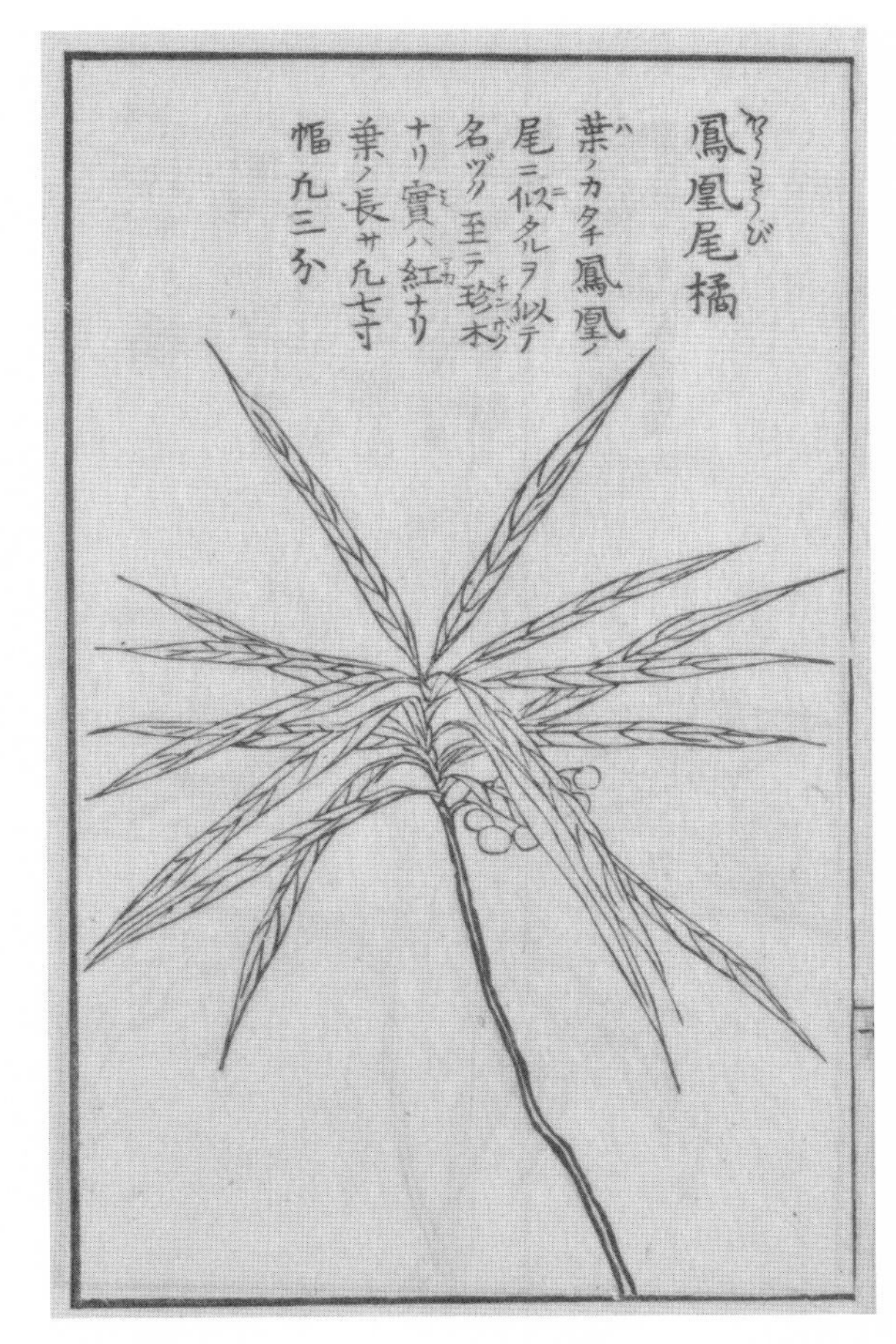

『茀藤果品類考』寛政9〜10年 吉田新兵衛他出版 灌河山人
（カラタチバナの図譜）国立国会図書館蔵

【ナノハナ】菜の花　二月

何かとお酒をいただく席に出向く機会が多かった年始を過ぎたものの、本質的にお酒が嫌いでない方にとって、この時期は体がなまりがちなので、お休みの日はできるだけ昼間の外出を心掛けられる方が良いですね。

「まあ、お互い様ですな。」

「で、外出するときのお勧めポイントがあるんでしょうね？」

えっええ、まぁ月並みですが・・・。まだまだ冷えこむものの、本州南岸では二月から菜の花を見ることができます。面倒くさい気持ちを振り切って、是非ともご家族、お友達と菜の花観賞に出かけましょう。

菜の花は西アジアから地中海沿岸を原産地とするアブラナ科アブラナ属の花の部分の総称です。白菜や蕪（かぶ）、さらにはハボタンもこの仲間で、咲いた花はどれもそっくりです。日本への伝来は古く『古事記伝』において本居宣長が

「（古事記の）菘、（日本書紀の）蕪菁、（万葉集の）蔓菁・・・これらは今の世（十八世紀後半）に云う菜なり」

と説いていることから、飛鳥時代以前に渡来していたと考えられています。

アブラナの仲間はその名の示す通り「油の採れる菜」で、花の種子から油をとることができます。したがって採油のために栽培されている花は、種ができるまで刈り取られないので、畑で咲き終わるまで観賞できます。しかし、アブラナの仲間を野菜として栽培する畑では花が咲く以前に収穫してしまうため、畑で花を観賞することができません。

「菜の花を見られるところは減ってしまいましたの？」

いえいえ、安心してください。近年採油のための菜種生産は増えつつあります。また、観光地では広大な敷地に主に観賞のために種を播いており、早い時期から花を咲かせて、皆さんをお迎えしてくれますよ。

【アセビ】馬酔木　三月

まだ朝方の布団の温もりをはねのけるには勇気が必要な三月初旬ですが、目の前には
「冬ごもりの虫が這（は）いだす」
と例えられる啓蟄が待ち受けており、これから自然界の動植物の動きが日々活発になります。古代ローマの暦では、農作業が始まりを告げるこの日あたりを年の初めにしていたそうですよ！

この時期は多くの草花・花木の芽が一斉に動き出し、早春咲の種類では花が開き始めます。

「え〜っと、木蓮（もくれん）、辛夷（こぶし）、水木（みずき）、片栗（かたくり）、沈丁花（じんちょうげ）・・・う〜ん数え切れないよ！」

んん、まさに公園や山里は開花のラッシュアワーですが、その一角を占めるのがアセビです。

アセビはツツジ科アセビ属に分類される種（しゅ）をさす日本古来の常緑低木で、三月から四月にかけて白いつぼ型の花を密に咲かせます。文献への登場も古く『万葉集』巻十に

「吾瀬子尓（わがせこに）　吾戀良久者（わがこいらくは）　奥山之（おくやまの）　馬酔之（あせびの）（花）（はなの）　今盛有（いまさかりあり）」

（わが背子に　我が恋らくは　奥山の　馬酔木の花の　今盛りあり）

と登場するほか、九首が歌われている、まさに日本の歴史を代表する花木と言えるでしょう。

「この歌はどういう意味ですの？」

これは恋の歌で、自分の恋する気持ちはアセビの花が咲き誇るように真っ盛りだと表現してるんです。

「へぇー。でもアセビって名前は聞くけど、花はよく知らなかったなー。」

そう、これぞ今の日本の大きな問題の一つです。日本らしい花が何なのかを日本人自

身がわからなくなっている時代なんですね。こういったことを少しでも改善できるよう、これからも皆さんに日本の花を紹介していきますよ！

ところでアセビは「足痺（あしび）」がもとで、これを口にすると体が麻痺する毒を含んでいます。漢字で「馬酔木（あせび）」と書くのも、馬でさえ痺れてしまうからのようですね。花は可愛いけど決して口に入れないでください！

鈴なりに咲くアセビの花

【お花の歳時記　四年目】

【ヤマブキ】山吹　四月

学校やお役所、そして多くの企業が一年の節目を迎え、新年度が始まりました。戸外を散歩すればサクラをはじめいろいろな木や草が花を咲かせていますが、ちょっと小さめの木にたくさんの山吹色（やまぶきいろ）の花が咲いているのを見かけたことはありませんか？

「ええ、株立ちになった細い枝の先にきれいな山吹色の花が咲いている小さな木、よく見かけますわ。なんという花かしら？」

ご報告ありがとうございます。これこそが山吹色という色の名称のもととなったヤマブキという木です。

ヤマブキはバラ科ヤマブキ属に分類される種（しゅ）で、鹿児島以北の日本全土および中国に生息しています。日本には一重のヤマブキと八重のヤエヤマブキがあり、このうちヤエヤマブキは雄蕊（おしべ）が花弁になり、雌蕊（めしべ）も退化してしまったので、実をつけることができません。

ヤマブキの歴史は古く、『万葉集』には四首が詠まれています。その後も文学にたびたび登場し、『後拾遺和歌集（ごしゅういわかしゅう）』雑五にある中務卿兼明親王（なかつかさきょうかねあきらしんのう）の歌として

「七え八え　花ハさけとも　山吹乃　見のひとつ多尓　なきそ可なしき」
（七重八重　花は咲けども　山吹の　みの一つだに　無きぞ悲しき）

と記されています。

「どのようなことを詠った歌なのかね?」

ええ、これはヤエヤマブキが、花は咲いても「実のひとつさえ（生ら）ない」ことと、あまりに生活が貧乏で「蓑ひとつさえ無い」ことを掛けて詠った歌です。この歌を有名にした逸話が『常山紀談』巻の一（湯浅元禎）の「太田持資歌道に志す事」の章にあります。江戸城を建立したあの有名な武将太田道灌が和歌に通じた人とも成りえたとても良いお話を紹介し、ヤマブキについてはここまでです。本年度もよろしくお願い申し上げます！

太田左衛門太夫持資（後の太田道灌）は鷹狩に出て雨に逢ひ、或小屋に入りて蓑を借らんと言ふに、若き女の何とも物をば言はずして、山吹の花一枝折りて出しければ、（持資は）花を

求むるに非ず、とて怒りて帰りしに、是を聞きし人は、其れは、

「七重八重花は咲けども山吹のみの一つだに無きぞ悲しき」

といふ古歌の意なるべし、といふ。

　持資驚きて其れより歌に志を寄りけり。

（『常山紀談』永井一考　有明堂　大正十五年より抜粋／本書カバーデザイン参照）

花は咲いても実のならないヤエヤマブキ

【ヤマボウシ】山法師　五月

初夏に入り、サクラ、ハナミズキと繋がってきた街路樹の開花リレーも一休みとなりますが、これからはハナミズキの仲間のヤマボウシが咲き始めます。ヤマボウシは、ミズキ科ミズキ属ヤマボウシ亜属に含まれる種(しゅ)です。日本ではヤマボウシよりも圧倒的にハナミズキの方を多く目にされると思いますが、ハナミズキが北アメリカ原産であるのに対し、ヤマボウシはれっきとした日本原産種で、五月から六月にかけて花を咲かせます。ただし、私たちが観賞する鮮やかに白い（たまにピンク）のは苞(ほう)と呼ぶ部位で、花はその中心で地味に咲いています。

「なんかアジサイみたいね！」

そうそう、アジサイのガクと花の関係に似てます。

ヤマボウシは、他のミズキの仲間の多くが苞や花を開いてから葉を伸ばすのに対し、葉と同時期に苞も開いていきます。これでは葉の中に苞が埋もれてしまいそうですが、苞が大きく色鮮やかなため、葉の緑を借景にして、他の種(しゅ)より目立つほどです。

苞の中心には小さい花の蕾（つぼみ）が三〇個くらい球状に並び、苞が開ききってから咲き始めます。花は小さく色も地味なので、ちょっと見ただけでは気が付きません。しかし、ヤマボウシの花の存在はこれが果実になった時点で実感させられます。

花が終わると球状に並んだそれぞれの花の子房が実りはじめ、最終的にそれら子房すべてが合体して、一つの大きな果実になります。実は濃い橙色（だいだいいろ）から朱色で、良く熟したものは甘いマンゴーのような味です。

ヤマボウシの実は十月頃に熟すので、是非ご覧ください。機会があれば皆さんにも一度味わっていただきたいものです。

ちょっと奇妙だけど食べられるヤマボウシの実

【ウツギ】空木　六月

節気は小満を過ぎ、あたりの草木のほぼすべてが発芽を終えています。これからさらに梅雨の雫、そして夏の日差しを吸収し、ますます繁茂していくことでしょう。そんな精気猛々しい木々の中にあって、上品な白い小花を咲かせているのがウツギです。普段は「ウツギ」よりも「卯の花」と呼ばれる方が多いかもしれません。卯の花の名称は、この花が旧暦の「卯月」に咲くから命名されたんですね。

「ちょっと待って！今は六月。『卯月』は四月のことでしょ？」

はい。どうも旧暦は紛らわしいですね。旧暦四月は現代の暦では四月の終わりから六月中旬の間におさまります。つまり卯月は初夏になりますよ～。

ウツギはアジサイ科（以前はユキノシタ科）ウツギ属の低木で、ウツギ、ヤエウツギ、ヒメウツギ他数種が日本在来の種として知られています。歴史は古く、万葉集に二十四首が詠まれ、その後も主要な歌集・文学には必ず登場する日本らしい花木です。

『万葉集』巻十の一九八八番には

「鶯之（うぐいすの）　徃来垣根乃（かよふかきねの）　宇能花之（うのはなの）　厭事有哉（うきことあれや）
君之不来座（きみがきまさぬ）」

また『源氏物語』第二十一帖、乙女にも

「・・・卯の花のさくべきかきね・・・」

など、多くは耕作地や郊外の居住地の境を示すための生垣を構成する木として登場しています。ホトトギスとともに初夏の風物詩として歌に詠まれる一方、古代日本の生活において実用的に使われていたようです。

飛鳥時代のウツギの生垣（想像図）

「それはそうと、せっかく卯の花ってカワイイ名前があるのに、どうして空木（うつぎ）なんてお坊さんみたいな呼び名になっちゃったんですか？」

ははは、そう思いますよね。それはウツギの構造が原因なんです。

ウツギの幹や枝を切るとその断面の中心に穴があいており、枝全体はパイプのようになっています。つまり芯が「空（うつ）ろの木（き）」というわけでウツギとなったようですね。今日お話したウツギの仲間の他にも「〜ウツギ」と、名前にウツギの文字の入った木はたくさんありますが、これらもウツギ同様たいてい幹や枝の芯が空洞になっているため名付けられたようですよ。

皆さまに置かれましては、特に標準の和名にこだわる必要はございませんので、どうぞ「ウツギ」でも「ウノハナ」でもお気に入りの言葉でお呼びください。

それでは、ウツギのお話はこれまでこれまで。

【ホオズキ】酸漿　七月

夏至を過ぎ、夏もあと半分とは言うものの、これからが暑さの本番。家庭菜園の夏野菜の収穫もそろそろピークというお家も多いのではないでしょうか。夏野菜の主役はトマト、ナス、ピーマンなどのナス科の植物ですね？ナス科には花を楽しむ種類も多く含まれ、ちょっと変わったところではホオズキもこの仲間です。

ホオズキはナス科ホオズキ属の多年草で、日本各地に自生していますが、古く中国から渡って来たとも考えられています。漢字の表記は日本でも中国でももともに「酸漿」で、中国では春秋戦国時代に著された類語辞典『爾雅(アールヤー)』に「酸漿(スアンジアン)」の記載があることから、紀元前三世紀以前には薬用の栽培が始まっており、日本においては『古事記』の上(じょう)に

「彼目如赤加賀智而。・・・此者。赤加賀知者今酸醤者也。」

（その目は赤加賀智(あかかがち)の如く赤い。・・・此(これ)に赤加賀知と謂(い)うは、今の酸醤(あかかがち)なり。）

とあることから、七世紀以前にはすでに日本人の目にする存在であったことがうかがえ

ます。

ホオズキの実は夏の風物詩として、浅草寺の「ほおずき市」をはじめ、新旧お盆の少し前に各地のお祭りやお花屋さんに並べられます。

「ホオズキは花というよりだいだい色の実しか思い浮かびませんわ！」

はい、花を想像しづらい方も多いかもしれませんね。

さて、ホオズキの花はどんな花でしょうか？

ホオズキはナス科でしたよね？ですからその花はナスの仲間の花に似ています。ただしナスが薄紫色なのに対してホオズキは白、ちなみにトマトは黄色です。まずこのような花が咲き、その後ガクの部分がどんどん膨らみ、その中で実が生(な)ります。お店で売っているホオズキの鉢植えには、たまにまだ花が残っているものもあるので、これが実になる様子を観察するのも楽しいですよ！

ホオズキの花と実

【ノウゼンカズラ】凌霄花　八月

暑さの中、アサガオなどの蔓性植物はその蔓をスクスク伸ばしてきましたが、さすがにお盆も近づいてくると、強すぎる日照りのため、地に植わっていても水が切れてしまいます。これに対して水枯れなどものともせず、グイグイ伸び上がっていくのがノウゼンカズラです。

ノウゼンカズラは中国原産の蔓性花木で、ノウゼンカズラ科ノウゼンカズラ属の種です。日本においてその歴史を見てみると『本草和名』（延喜十八年）第十三巻「木中草八種」に

「紫葳（仁語音 威）一名凌苕・・・一名凌霄・・・和名乃宇世宇（注*）」

とあります。ここに登場する種名は中国では、紫葳、凌苕、凌霄と発音し、すべて今のノウゼンカズラを表すことから、「乃宇世宇」がノウゼンカズラの日本国内での旧名で、十世紀初頭には中国から日本に渡っていたと考えられます。

「ちょーっと待って！中国名の一つズーウェイって前に百日紅のことだって言ってませんで

した？」

おお！よく覚えてましたね、もうあなたは花文化オタクになってますよ！

おっしゃる通りサルスベリは中国語でズーウェイと発音し、「紫薇（ズーウェイ）」と書きます。これに対してノウゼンカズラは「紫葳（ズーウェイ）」と著し、漢字表記が違います。

しかしながら、両者の中国語の発音は拼音（ピンイン）・四声（スーション）ともに同じなので、言葉で聞いただけでは、たとえ中国人であってもどちらを指すのかわかりません。今の中国では前出の凌霄（リンシアオ）を踏襲した「凌霄花（リンシアオフア）」と呼ぶのが普通です。これは今の日本国内で使われる漢字と同じですね。

ノウゼンカズラは暑さ寒さに強く、繁殖力が旺盛で、成長とともに地下茎を張り巡らし、植えたところから数メートル離れた地面から芽を出すこともあります。無造作に地植えすると、数年後庭がこの品種で染まってしまう恐れがあるので、地に植える場合は、あらかじめ地面から三〇センチメートルほどの深さまで仕切りをすると安心です。

*『本草和名』書中　「語」の漢字は「誤」の字の右下の「六」を「日」に置き換えた字。
「凌」の漢字は左におおざとへん「阝」+右に「麦」と記載されている。

灼熱の太陽の下で蔓をどんどん伸ばし、
繁茂していくノウゼンカズラ

【ケイトウ】鶏頭　九月

残暑にお引き取りを願い、さわやかな秋に早くお越しいただきたいところですが、お彼岸まではそれもかないません。彼岸と言えば、ご先祖の供養・お墓参りですが、この時期お供え花の主役はケイトウです。ケイトウはヒユ科ケイトウ属に含まれる種（しゅ）で、古くからこの花の色素が染色に使われていました。原産はインドから東南アジアなどの熱帯で、これが中国を経て七世紀あたりに日本に伝わり、当時は色素から採った染料名「韓藍（からあい）」がそのまま種（しゅ）の名前として使われていたようです。韓藍はその色合いの鮮やかさから、たびたび美しい女性に例えられています。『万葉集』巻三　三八四　山部赤人（やまべのあかひと）の歌に

「吾屋戸爾　幹藍種生之　難干　不懲而亦毛　将蒔登曽念」
（わが屋戸（やど）に　韓藍（からあい）蒔（ま）き生（おほ）し　枯れぬれど　懲りずてまたも　蒔かむとぞ思ふ）

というのがあります。

「この歌は古代のガーデニングについて詠ったものですか？」

いいえ、これは「家に囲っていた女が逃げてしまったが、またいい女を探そうと思う。」などと超不謹慎な思いを「ケイトウを育てたら、花が咲く前に枯れてしまった。でもまた種（たね）を蒔こうと思う。」と表現したようです。これが現代の歌会なら倫理観の欠如とセクハラで即レッドカード「退場！」でしょうね？

ケイトウの名称はその種（しゅ）の一つトサカケイトウがニワトリの鶏冠（とさか）にそっくりであることから「鶏頭（けいとう）」と呼ばれるようになったようです。ちなみに中国名はトサカそのまんまで「鶏冠花（ジーグアンファー）」です。また、これとは別に花穂（かすい）がふんわりとしたタイプもあります。

ケイトウはとても育てやすい花ですが、日本の伝統植物の多くが酸性土壌を好むのに対し、ケイトウは弱アルカリ土壌派です。お庭や鉢で栽培する場合には土の酸度に注意して植えてくださいね！

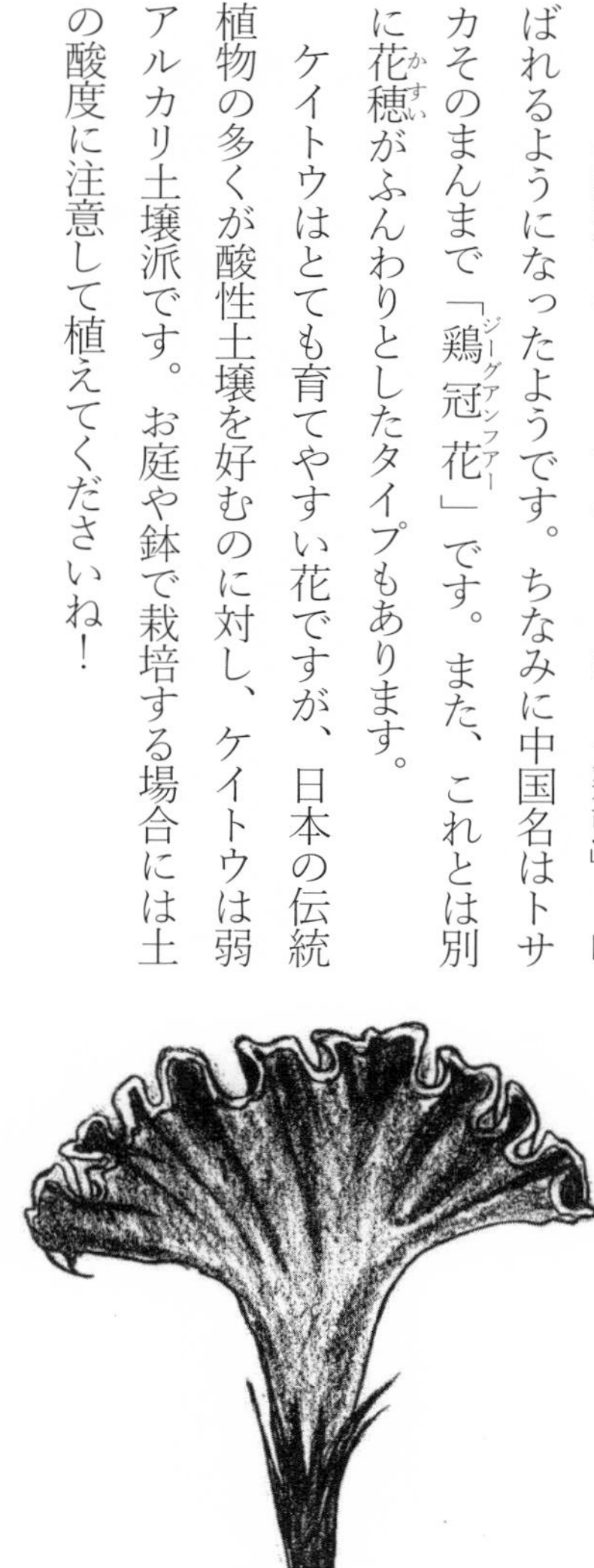

トサカケイトウの花

【シュウメイギク】秋明菊　十月

もうすぐ寒露。これを過ぎるといよいよキクの季節。あちこちで菊花大会が開催されます。ところでキク科はとても仲間の多い科で「・・・菊」と呼ばれる花はたいていキク科の花なのですが、実はキクの仲間ではない花があるのをご存知ですか?

「えーっと、マリーゴールドは万寿菊(まんじゅぎく)っていうけどキク科だよね?う〜ん・・・」

おしいっ!結構いいとこ付いてますよ!!答えは一つではありませんが「シュウメイギク」はその一つです。

シュウメイギクは、中国中南西部原産のキンポウゲ科イチリンソウ属に含まれる種(しゅ)で、いわゆるアネモネの仲間です。この仲間の特徴は花弁が退化して、ガク弁が花びらのようにみえるところです。

「えっ!これもアジサイみたいな花?」

ええそんな感じですが、アジサイは派手なガクの近くに地味な花が咲いているのに対し、アネモネの仲間の多くは花弁が全くありません。それならいっそのことガク弁を花弁と呼んでしまえば良さそうですが、植物の構成単位の名称としてはそうもいかないようです。

シュウメイギクの渡来については、文安から文明六年あたりに成立した国語辞書『節用集』之草木の項に

「芍薬・・・秋冥菊（シウメイキク）　七斑（茄子異名）」

と初めて登場することから室町時代に中国から持ち込まれたと考えられます。

また『花壇綱目』（延宝九年）には

「秋明菊　花紫色なり咲比まへ尓同養土肥分極る右同じ也」

（秋明菊　花は紫色なり。咲く日は前（の項）に同じ。養（やしな）う土・肥（こえ）・分け植えるる（時期）は右（の項）に同じなり。）

とあり、この時点で現在の名称「秋明菊（しゅうめいぎく）」と表記されていたことが分かります。ちなみに中国での呼び名は「秋牡丹（チウムーダン）」です。

現代は交配が進み、一重のもの、八重のもの、小輪多花、大輪。色合いもどんどん増えているので、シュウメイギクを加えることで、秋のガーデニングの幅が広がりますよ。

シュウメイギクの花

【ツワブキ】石蕗　十一月

秋も深まり、何かと風流なできごとに心惹かれるこの頃。お茶会などに誘っていただけるものなら、しっかり正座のトレーニングを積んだ後、茶室の露地をしっとりと歩いてみたいなと妄想します。

さて、露地を見渡せば日本伝統の植物が勢ぞろいしていますが、特に木の根元や岩の足元を指定席として植えられているのがツワブキです。ツワブキは日本の佐渡・福島以南他、東アジアの一部に生息するキク科ツワブキ属の常緑多年草です。その歴史は古く『出雲国風土記』（天平五年）に、嶋根郡にある島々の産物として、和多多嶋、美佐島、結島、久宇島、粟島、小島、鳩嶋、附嶋の八か所で「都波（つわ）」の名が挙げられており、この都和はツワブキをさすものと考えられています。時代が下り江戸時代

『花壇綱目』に「つは」、

『花譜』に「通和（つは）」、

『和漢三才図会（わかんさんさいずえ）』（正徳二年）九十四之末湿草類には「豆和（つわ）」

のように少々表現が違うけれども、基本的に「ツワ」の音でよばれてきたことが分かります。

ツワブキにはいろんな種類があるものの、花はどれもよく似ていて、多くは十一月上旬から十二月にかけて黄色い一重のキクらしい花を咲かせます。

「あら？花は今一つですのね！」

まぁ、そうなんですが。ツワブキが本領を発揮するのはその葉姿です。葉は基本的に肉厚で光沢があり、古くより縮緬、白覆輪、金紋、金環、獅子葉などなどいろんな姿かたちのものが選抜され、愛好家たちを熱狂させてきました。現代では日本の数寄屋建築が世界に広まる中で、それにマッチしているツワブキも注目株です！

ツワブキの葉柄（ようへい）（葉の茎部分）はつくだ煮などにしてたべられます。ただし、アルカロイドを含んでおり、事前に毒抜きをしなければいけません。ご自身では料理せず、専門家が調理したものを召し上がってくださいね！

獅子葉のツワブキ

【ポンセチア】猩々木　十二月

もうすぐクリスマス。クリスマスの花と言えばポインセチアですね?ポインセチアはトウダイグサ科トウダイグサ属に分類される種で、原産地はメキシコ以南の亜熱帯から熱帯にかけてです。熱帯種なので低温に弱く、本州以北では鉢植でなければ育ちませんが、沖縄以南であれば地植えもでき、樹木として大きくなります。

ポインセチアの特徴は開花期が近づくとその苞が真っ赤に染まるところです。

「これも苞なの?ヤマボウシと同じね。」

そうです。しかし、大きく違うのは、ヤマボウシは放っておいても苞に白やピンクの色が載るのに対し、ポインセチアはひと手間かけないと赤くなってくれないところです。

ポインセチアの鉢を夜が十一時間三〇分より長くなった日から五〇日前後、半日陰の場所に置いておくと茎の先に花芽と赤い苞が着きます。日本だと九月下旬から五〇日後の十一月中下旬の屋外でこうなるのですが、熱帯性のポインセチアは本州以北の十一月の最低気温に耐えられません。したがって、八月の下旬から遮光で夜を長くするか、あるいは一〇月下旬に光の当たる温室に入れるかなどしないといけません。

「そうか〜。こういう時間と手間を考えると毎年お花屋さんで買っても高くないね！」

ええ、そうなんです。毎度ありがとうございます！

さて、ポインセチアは英語圏では「ChristmasFlower（クリスマスフラワー）」、中国語もこれを真似て「聖誕花（ションダンファー）（クリスマスの花）」です。しかし、これをあえて和名で言うと「猩々木（しょうじょうぼく）」。

そう、「猩々祭り」の主役のあの恐ろしい姿の猩々です。ポインセチアの緋色が能「猩々」の装束を思わせるからのようです。これはこれで個性的で悪くない名前でしょ？

ポインセチア（中央の玉のようなものが花）

【ロウバイ】蝋梅　一月

新春の松の内が明ける頃、公園の一角で俄(にわ)かに半透明の花が咲き始めたら、それがロウバイです。ロウバイは、ロウバイ科ロウバイ属に含まれる落葉中木で、原産地は中国です。中国名は腊梅(ラーメイ)ですが、これと発音が同じで、和名の漢字「蝋梅(ろうばい)」の簡体字表記「蜡梅(ラーメイ)」という表現も普通に使われています。

「名前に梅の字が入ってるけど、梅の仲間じゃないのね?」

ええ、そうなんです。中国の本草書『本草綱目(ほんぞうこうもく)』第三十六巻、木部(もくぶ)、木之三(きのさん)、蝋梅の項には

「此物非梅類(このものうめのるいにあらず)、因其与梅同時(うめとときおなじにして)、香又相近(かおりもまたあいちかく)、色似蜜蝋(いろはみつろうににる)、故得此名(ゆえにこのなをえる)」

とあります。時代としては後付けの論評ですが、梅と同じ時期に咲いて、香りも似ていることから梅の字が入っており、また、蝋は蝋でもロウソクの蝋ではなくて、花の色が蜂の巣の蜜ロ

ウに似ているのでこの名がついたというのも頷けますね。

このようにロウバイは蝋で作ったような半透明の花びらが個性的ですが、もう一つの特徴はその香りにあります。中国では古くより、まだ寒い時分から香を放つ木として珍重され、それを南宋の中興四大詩人に数えられる楊万里(ヤンワンリー)（一一二七―一二〇六）は七言絶句『臘梅(ラーメイ)』で

「天向梅梢別出奇，(ティエンシャンメイシャオビエチューチー)
国香未許世人知。(グオシャンウェイシューシーレンズィー)
殷勤滴蝋緘封却，(インチンディーラージエンフェンチュエ)
偷被霜風拆一枝。(トウベイシュアンフェンジェイーズィー)」

（天は梅の梢に「まだ早い、国の香りはまだ世人に知らせてはならん。」と思召(おぼしめ)す。
慇懃(いんぎん)に封印をするときの蝋の滴のようなロウバイの花、
それをそっと霜風に一枝折らせ、世の知れるところとしよう。）

と、まるで解禁を待つ「国家の香り」のように扱っています。

「ボジョレーヌーボーみたいね？」

ははっ。そう言われれば似てますね！

一説にはこの香りに鎮静作用があるようですが、真偽のほどは専門家にお尋ねください。

寒中に花を開くロウバイ
（この絵の品種は八重花）

【オウバイ】黄梅　二月

日本ではとっくに過ぎてしまったお正月ですが、中国をはじめ太陰太陽暦を使う国のみなさんはこのあたりでお正月を迎えます。

「うん。毎年この頃『何億人が里帰り、合計何千億キロメートル！』とかニュースでやってるよね。」

ええ。まさに日本とはスケールの違う中国のお正月「春節（チュンジエ）」ですね。

春節は暦の加減で年ごとに日を前後するので、毎年暦を確認しなければなりません。でも、その日は立春の前後十六日以内の範囲に収まるので、「立春の何日前」って感じで理解しておくようです。

立春は二十四節気の始まりであり、毎年二月四日の前後1日以内になるので、覚えておき易いですね。今回はこの立春に咲く花、オウバイを紹介します。

オウバイは中国原産のモクセイ科ソケイ属の半蔓性（はんつるせい）落葉低木です。また、同属で常緑性の種（しゅ）はウンナンオウバイといい、これとそっくりな花が咲きます。日本への到来は

『花壇地錦抄』巻三、夏木の分、「藤并桂のるひ」に
「黄梅花形梅花のごとく黄色なり、木はかづらにもあらず、れんぎょうのるひ」

とあり、江戸時代初期には中国より渡って来たと考えられています。

「モクセイ科ってことは香りがあるのかな？」

いやー残念！オウバイはモクセイ科でも、キンモクセイやジャスミンのような良い香りはありません。この花の持ち味はその花色と開花の時期が立春の頃というところです。中国ではオウバイを「迎春花（インチュンフア）」と呼び、

『本草綱目』第十六巻、草部、草之五においても、

「・・・正月初開小花状如瑞香花黄色不結実」

（正月初旬に沈丁花のような小花を開く、花は黄色で結実しない）

と正月（立春）に咲くことが第一に記されています。
また唐代にはあの白居易が以下の七言絶句を知人に贈っています。

「金英翠萼帯春寒、
黄色花中有幾般。
憑君輿向游人道、
莫作蔓菁花眼看。」

（初春の寒に包まれているものの、黄金の花びらが
緑萼の上に開きました。
黄色い花はありふれているけれども、その中でこの
花は新春の先駆けに相違ありません。
あなた様から花見の客人の皆様にお伝えください、
この花はそんじょそこらで見られるような代物ではないことを。）

（『全唐詩』（中国康熙四二年一七〇三）七巻六冊「玩迎春花贈楊郎中」より、
意訳：筆者）

やはり、新春に唯一間に合う黄色の花ということで、とても珍重されたんですね。

これは昔においてだけのことではなく、現代においても、パステル調の黄色で丸弁整形の、いわゆる花らしい花が極寒期に咲く花木はオウバイ以外には思い浮かびません。

この希少性を考えると庭に植えたくなっちゃいません？

唯一立春に間に合う黄色い花として
中国では迎春花と呼ばれるオウバイ

【コブシ】辛夷　三月

「白樺(しらかば)～青空(あおぞ～ら)、南(みぃな～み)～風(か～ぜ)～、辛夷(こぶし)咲く～あの丘、北国の～ああ、北国の春～」

は昭和の末近くにヒットした歌謡曲、千昌夫の『北国の春』の歌いだしの部分です。

おそらく日本人の多くがこの歌をご存知と思いますが、実はこの曲はすごい曲で、テレサテンがカバーしたおかげもあって、東アジアの多くの人々に知られてるんですね。ただし、歌詞が中国語に直された時点で、シラカバもコブシもなくなってしまったので、その情景が我々の思うそれと同じではないのが残念です。

歌の中で春を告げる花として登場するコブシは、モクレン科モクレン属の種(しゅ)で、日本全土に生息する落葉高木です。仲間のモクレンが中国産であるのに対し、コブシは日本以外には韓国の一部に原産するだけの日本らしい花木です。

ところでコブシの漢字表記「辛夷(こぶし)」は、唐代の『新修本草』木部、上品、第十二巻に

「辛夷(シンイー)　味辛温無毒(ウェイシンウェンウードゥー)・・・」（辛夷は味辛く温めれば毒がなくなる）

と登場します。

「ちょと待って！ついさっきコブシは中国には無かったって言ったところでしょ？」

おっ、そうでしたね！ご指摘の通りです。なぜなら『新修本草』の辛夷はコブシではないからです。しかし、例によって、この品名を日本の木にあてる作業が行われます。辛夷に対して、

深江輔仁は『本草和名』巻一において

「和名也末阿良々岐」、

源　順　は『倭名類聚抄』巻八で

「『崔禹錫食経』云辛夷和名夜末阿良々木　一云古不之波之加美其子可敢之」

と表記しました。

これらヤマアララギ（山蘭）、コブシハジカミ（拳椒）はともに今のコブシを指しますが、『新修本草』にある辛夷はトウモクレン（唐木蓮）のことをいうらしく、輔仁さん、順さんとも

にやらかしてしまいました。

「久しぶりに、出ましたね！」

えぇ。たまには失敗談が無いとつまらないでしょ？

ちなみに中国ではコブシを「日本辛夷（リーベンシンイー）」と呼びます。

コブシは香りが良いので、一枝部屋に飾っても良いですし、生け花にもよく使われるようですね。よろしければお試しください！

おっと、気が付けば、いつの間にか『お花の歳時記』最後のお話も終わってしまいました。この続きは改めてお伝えしたいと思います。それでは、またお会いしましょう。さようなら〜！

辛夷はもともと中国で唐木蓮を表す漢字名称だったが、
日本ではこの漢字をコブシの木にあてた

【参考文献】

『山海经』（紀元前七七〇〜二二一年）編者不詳
（二〇〇八年　李荣庆・马敏　中州古籍出版社『山海経』の復刻本）
『尔雅』（漢代以前）編者不詳（二〇一五年　上海古籍出版社『爾雅』の復刻本）
『本草经集注』（五〇〇年頃）陶弘景（一九五五年　群联出版社『神農本草経集注』の復刻本）
『新修本草』（六五九年）苏敬（一九九九年　山西科技出版社『新修本草』の復刻本）
『古事記』（和銅五年）太安萬侶（寛永二十一年　前川茂右衛門　写本）
『日本書紀』（養老四年）舎人親王他（慶長一五年　三〇巻　写本）巻七「景行天皇」
『出雲国風土記』（天平五年）神宅臣金太理・出雲臣廣嶋編（寛政五年　読書室世龍獏　復刻本）
『懐風藻』（天平勝宝三年）編者不詳（昭和十八年　杉本行夫　弘文堂　復刻本）
『万葉集』（延暦二年以前）編者不詳（慶長〜元和年間頃　復刻本）
『万葉集』（延暦二年以前）編者不詳（寛政〜文政年間頃　清水浜臣写本）
『松窗杂录』（唐代）唐李浚（一八六八年　四库馆『松窓雑録』の復刻本）
『宋本白氏文集』（唐代）白居易（二〇一七年　国家图书馆出版社『白氏詩集』の復刻本）
『類聚国史』（寛平四年）菅原道真（大正二〜五年　経済雑誌社　復刻本）

『古今和歌集』（延喜年間）紀友則他（天文十六年頃　二十巻　写本）
『本草和名』（延喜一八年）深江輔仁（寛政八年 英大輔他　二巻　復刻本）上
『近江御息所歌合』（延長年間頃）編者不詳（寛文年間　写本　伊知地鐵男文庫）
『和名類聚抄』（承平年間）源順（元和三年　那波道圓　二十巻　復刻本）
『伊勢物語』（平安初期）編者不詳（慶長十三年　写本）上
『枕草子』五巻本（長保年間頃）清少納言（寛永年間　写本）
『源氏物語』（寛弘年間頃）紫式部（江戸前期　五四巻　写本）
『拾遺和歌集』（寛弘年間頃）編者不詳（室町中期頃　二十巻　写本）
『後拾遺和歌集』（応徳三年）藤原利通（年不詳　一～十巻　写本）
『詞花和歌集』（仁平元年）藤原顕輔（明治四十二年　歌書刊行会出版　復刻本）
『喫茶養生記』（承元五年）明庵栄西（年不詳　銭屋惣四朗　二巻　復刻本）
『太平記』（南北朝時代頃）編者不詳（慶長八年　冨春堂　四十巻　復刻本）第二十一巻
『本草綱目』第二十二冊（明号万暦一八年　一五九〇）李時珍　胡承竜出版
『下学集』（文安元年）東麓破衲（元和三年　写本）二巻草木門の章
『仙傳抄』（天文五年、華道書）富阿弥傳（元和～寛永年間　写本）

『節用集』（文明六年以前）編者不詳（明応五年　写本）
『訓蒙図彙』（寛文六年）中村惕斎（寛文六年　山形屋　二十巻　復刻本）巻二十花草附
『花壇綱目』三巻（延宝九年）水野元勝　山本八兵衛他出版
『全唐詩』十二函九〇〇巻（中国康熙四十二年一七〇三）彭定求他（清国刊本）七巻六冊
『花壇地錦抄』（元禄八年）伊藤伊兵衛（昭和八年　京都園芸倶楽部　復刻本）
『和漢三才図会』（正徳二年）寺島良安（文政七年　秋田屋太右衛門　復刻本）
『地錦抄』二十巻（享保十八年）伊藤伊兵衛　須原屋茂兵衛出版（増補／廣益／付録・地錦抄揃い本）
『花壇地錦抄前集』（文化年間以前）華文軒中西卯兵衛　六巻（『花壇地錦抄』贋作本）巻三
『花譜』三巻（元禄十一年）貝原益軒　第三巻
『本草正正譌』（安永七年）山岡恭安　野田藤八他出版　草部／甘藍の項
『茀藤果品類考』（寛政九～一〇年）灌河山人　吉田新兵衛他出版
『古事記伝』四十四巻（寛政一〇年）本居宣長　下三十五
『常山紀談』（元文四年）湯浅元禎（大正一五年　永井一孝　有朋堂文庫　復刻本）
『花の文化史』（昭和五三年）Ｐコーツ　八坂書房（阿部薫訳）
『花の文化史』（昭和五五年）春山行夫　講談社

『花菖蒲』（昭和五五年）冨野耕治・堀中明　家の光協会（塚本洋太郎監修）
『愛知県園芸発達史』（昭和五六年）愛知県園芸発達史編纂会　愛知県
『萬葉の花』（昭和五六年）松田修　芸艸堂
『かきつばた花譜』（平成二年）堀中明　アボック社
『英汉园艺学词典』（一九九〇）章文才　中国农业出版社
『世界の国花』（平成二年）妻鹿加年雄　保育社
『大輪盆養づくり名古屋朝顔のつくり方』（平成七年）名古屋朝顔会
『江戸の園芸　平成のガーデニング』（平成十一年）小笠原亮　小学館
『中国牡丹』（一九九九）王高潮・刘仲建　中国林业出版社
『季節の伝統植物』（平成十四年）国立歴史民俗博物館
『日本博物誌年表』（平成十四年）磯野直秀　平凡社
『明治前園芸植物渡来年表』（平成一九年）礒野直秀　慶應義塾大学日吉紀要刊行委員会
『桜の雑学事典』（平成十九年）井筒清次　日本実業出版社
『古典植物辞典』（平成二一年）松田修　講談社学術文庫
『江戸の庭園』（平成二一年）飛田範夫　京都大学学術出版会

『ＮＨＫ趣味の園芸　スイレン』（平成二三年）城山豊　ＮＨＫ出版
『杨万里选集』（二〇一二）周汝昌　上海古籍出版社
『朝顔百科』（平成二四年）朝顔百科編集委員会　誠文堂新光社
『花開く江戸の園芸』（平成二五年）東京都江戸東京博物館
『刘焯』（二〇一四）学家发明家丛书
『園芸ＪＡＰＡＮ』（平成二九年）エスメディア　二〇一七年二月号
『诗歌里的二十四节气』（二〇一七）任婕　电子工业出版社
『杨广大帝』（二〇一七）张鲁原　线装书局

執筆協力

○中国文献調査・中国語翻訳

贾彩伟（日产花卉节北京本店店长）

李兴芹（北京外国语大学文学硕士）

王勇丽（北京外国语大学文学博士）

○校正　篠田千恵

○その他執筆補助　太田美穂、早川利之、大田美理夫、栗尾亜由美、箕浦紀代美

○挿絵

Saku 他

○画像提供

西浦温泉　旬景浪漫　銀波荘（愛知県蒲郡市）、横浜イングリッシュガーデン（横浜市西区）、篠田千恵、最愛小馬（中国浙江省寧波市）、薛征峰（中国上海市）、

Shutter Stock、Alamy Stock Photo

○撮影場所

小原四季桜まつり（愛知県豊田市）、愛知豊明花き地方卸売市場（愛知県豊明市）、とよあけ花マルシェ

珍種かきつばたまつり（愛知県豊明市）、加茂花菖蒲園（現加茂荘花鳥園／静岡県掛川市）、水生植物公園みずの森（滋賀県草津市）、烏丸半島ハス群落（滋賀県草津市）、名古屋朝顔まつり（名古屋市北区・名城公園フラワープラザ内）、円光寺（愛知県稲沢市）、新宿御苑（東京都新宿区）、国立歴史民俗博物館（千葉県佐倉市）、浜松フラワーガーデン（静岡県浜松市）、浅草寺（東京都台東区）、矢勝川（愛知県半田市）、龍安寺（京都市右京区）、愛知県緑化センター（愛知県豊田市）、蒲郡クラシックホテル（愛知県蒲郡市）、観光農園花ひろば（愛知県知多郡南知多町）、渥美半島菜の花まつり（愛知県田原市）、万葉植物園（奈良県奈良市）、大阪府立花の文化園（大阪府河内長野市）、都市農業公園（東京都足立区）

北京菊花擂台赛（北京市丰台区-世界花卉大观园内）、世纪奥桥花卉园艺中心（北京市丰台区）、北京世界园艺博览会（北京市延庆）、西湖龙井茶园（浙江省杭州市）

○その他

豊明市、とよあけ花マルシェプロジェクト、豊明市商工会、一般社団法人豊明青年会議所

公益社団法人園芸文化協会

中国菊花协会、北京菊花协会、北京花乡花木集团有限公司、北京世界花卉大观园

愛知豊明花き流通協同組合

付録

【万葉集に詠われた花】

現代名称	回	音	万葉集漢字もしくは万葉仮名
ハギ　萩	141	ハギ	萩、芽、芽子、波疑、波義
ウメ　梅	118	ウメ	烏梅、汗米、宇米、宇梅、有米、于梅
タチバナ　橘	68	タチバナ	橘、橘花、多知波奈、多知花
ススキ　薄、芒	46	ヲバナ	尾花、乎婆奈
サクラ　桜	46	サクラ	佐久良、作楽、左具良
ベニバナ　紅花	29	クレナヰ	呉藍、紅、久礼奈為
フジ　藤	27	フヂ	藤、敷治、布治
ナデシコ　撫子	26	ナデシコ	石竹、瞿麦、奈泥之故、牛麦、奈弖之故、奈泥之古
ウツギ　空木	24	ウノハナ	于花、宇花、宇能花、宇能波奈（現代も「卯の花」ともいう）

クズ	葛	18	クズ	葛、矩儒、田葛、久受
ヤマブキ	山吹	17	ヤマブキ	山吹、山振、夜麻夫伎、夜麻夫枳、夜末夫吉、也麻夫支
オミナエシ	女郎花	14	ヲミナヘシ	娘子部四、姫押、娘部思、姫部思、佳人部為、美人部師、乎美奈敝之
ショウブ	菖蒲	12	アヤメグサ	菖蒲、菖蒲草、昌蒲草、蒲草、安夜女具佐、安夜売具佐
アセビ	馬酔木	10	アシビ	馬酔木、馬酔、安之碑、安志妣
ツツジ	躑躅	10	ツツジ	都追慈、管士、管仕、管自
ユリ	百合	10	ユリ	由理、由利、百合
ツバキ	椿	9	ツバキ	都婆岐、海石榴、海榴、椿、都婆吉、都婆伎
サネカズラ	実葛	8	サナカズラ	狭名葛、佐奈葛、左名葛、狭根葛、核葛（さねかずら）
カキツバタ	杜若	7	カキツバタ	垣津幡、垣津旗、垣幡、加吉都幡多

万葉集にはこの他アシ、スゲ、ヤナギ、イネ、コモ、フユアオイ、アジサイ、スミレ、キキョウ、ハ

ス、ハマユウ、ケイトウ、ヒガンバナ、フジバカマ等の草花・花木を含む計百六十前後の植物名称が登場する。

春

ツバキ　巨勢山乃（こせやまの）　列列椿（つらつらつばき）　都良都尓（つらつらに）　見乍思奈（みつつしのはな）　許湍乃春野乎（巨勢のはるのを）　坂門人足（さかとのひとたり）　一巻五四

ウメ　鳥梅能波奈（うめの花）　伊麻佐加利奈利（今盛りなり）　毛毛等利能（ももどりの）　己恵能古保志枳（声の恋しき）　波流岐多流良斯（春来たるらし）　田氏肥人（でんじのこまひと）　五巻八三四

ヤマブキ　夜麻夫枳波（やまぶきは）　比爾比爾佐伎奴（ひにひに咲きぬ）　宇琉波之等（うるわしと）　安我毛布伎美波（わがもふきみは）　思久思久於毛保由（しくしくおもほゆ）　十七巻三九七四

サクラ　見渡者（みわたせば）　春日之野辺尓（かすがののべに）　霞立（かすみたち）　開艶者（咲きにほへるは）　櫻花鴨（さくらばなかも）　十巻一八七二

アセビ　吾瀬子尓（わがせこに）　吾戀良久者（わがこいらくは）　奥山之（おくやまの）　馬酔之（あしびの）（花）（はなの）　今盛有（いまさかりあり）　十巻一九〇三

ツツジ　細比礼乃（たくひれの）　鷺坂山（さぎさかやまの）　白管自（しろつつじ）　吾尓尼保波（われににほはね）　妹尓示（いもにしめさむ）　九巻一六九四

フジ　藤浪之（ふじなみの）　花者盛尓成来（はなはさかりになりにけり）　平城京乎（ならのみやこを）　御念八君（おもほすやきみ）　大伴四綱（おおとものよつな）　三巻三三〇

夏

ウツギ　五月山（さつきやま）　宇能花月夜（卯のはなつくよ）　霍公鳥（ほととぎす）　雖聞不飽（きけどもあかず）　又鳴鴨（またなかぬかも）　十巻一九五三

タチバナ　橘乃（たちばなの）　尓保弊流香可聞（にほへるかかも）　保登等藝須（ほととぎす）　奈久欲乃雨尓（なくよのあめに）　宇都路比奴良牟（うつろひぬらむ）
大伴家持　十七巻三九一六

カキツバタ　墨吉之（すみのえの）　浅澤小野之（あさざわおのの）　垣津幡（かきつばた）　衣爾摺著（きぬにすりつけ）　将衣日不知毛（きむひしらずも）　七巻一三六一

ベニバナ　呉藍乃（紅の）　八塩之衣（やしおのころも）　朝且（あさなあさな）　穢者雖為（なれはすれども）　益希将見裳（いやめずらしも）　十一巻二六二三

ショウブ　霍公鳥（ほととぎす）　難待不来喧（まてどきなかず）　蒲草（あやめくさ）　玉爾貫日乎（たまにぬくひを）　未遠美香（いまだとおみか）
大伴家持　八巻一四九〇

アジサイ　安治佐為能（あじさいの）　八敝佐久其等久（八重咲くごとく）　夜都與荷乎（八千代にを）　伊麻世和我勢故（いませわが背子）　美都都思努波牟（見つつしのはむ）
橘諸兄　二十巻四四四八

サネカズラ　足引乃（あしびきの）　山佐奈葛（やまさなかずら）　黄變及毛（もみつまで）　妹爾不相哉（いもにあはずや）　吾戀将居（わがこひおらむ）　十巻二二九六

ユリ　吾妹兒之（わきもこの）　家乃垣内乃（やとのかいちの）　佐由理花（早百合ばな）　由利登云者（ゆりといへは）　不謌云二似（うたはぬににる）　八巻一五〇三

秋

クズ
雁鳴之（かりがねの）　寒鳴従（さむくなくより）　水茎之（みずくきの）　岡乃葛葉者（おかのくずはは）　色付爾来（いろづきにけり）　十巻二二〇八

ススキ
道辺之（みちのべの）　乎花我下之（をばなをしたの）　思草（おもひぐさ）　今更尓（いまさらさらに）　何者可将念（なにをか思はむ）　十巻二二七〇

ハギ
吾屋戸乃（わがやどの）　一村芽子乎（一群萩を）　念児尓（思ふ子に）　令見殆（みせずほとほと）　令散都類香聞（ちらしつるかも）　八巻一五六五

オミナエシ
手取者（てにとれば）　袖并丹覆（そでさへにほふ）　美人部師（おみなへし）　此白露尓（このしらつゆに）　散巻惜（ちらまくをしも）　十巻二一一五

ナデシコ
野辺見者（のべみれば）　瞿麦之花（なでしこのはな）　咲家里（さきにけり）　吾待秋者（わがまつあきは）　近就良思母（ちかづくらしも）　十巻一九七二

冬

ヤマタチバナ（ヤブコウジ）
此雪之（このゆきの）　消遺時爾（けのこるときに）　去来帰奈（いさかへな）　山橘之（やまたちばなの）　実光毛将見（みのてるもみむ）

大伴家持　十九巻四二二六

【世界の国花】

日本の国花であるサクラ・キクは法的に認められたものではないが、慣習的に国民に周知されているため多くの場面で『国花』と表現されている。世界の各国にはその国を象徴する花があり、国によっては国会法案として可決されたものもある。

主な国の国花またはそれに準ずる花

国名	花の名称	その他候補
アルゼンチン	アメリカデイゴ(カイコウズ) Erythrina crista-galli	カトレア
オーストラリア	ゴールデンワトル Acacia pycnantha	
ブラジル	イペーアマレーロ(コガネノウゼン) Tabebuia chrysotricha	
カナダ	サトウカエデ Acer saccharum	
中国	牡丹(ボタン) Paeonia suffruticosa	ウメ
エジプト	スイレン Nymphaea	
フランス	ダッチアイリス Iris	ヒナギク, ヒナゲシ
ドイツ	ヤグルマギク Centaurea cyanus	
インド	ハス Nelumbo nucifera	
イタリア	デージー(ヒナギク) Bellis perennis	
日本	桜(サクラ) Prunus subg. Cerasus	キク
韓国	ムクゲ Hibiscus syriacus	
マレーシア	ハイビスカス Hibiscus rosa-sinensis	
メキシコ	ダリア Dahlia	
オランダ	チューリップ Tulipa	
ニュージーランド	コファイ Sophora tetraptera	ギョリュウバイ
フィリピン	マツリカ Jasminum sambac	
ロシア	ヒマワリ Helianthus annuus	カモミール
シンガポール	バンダミスジョアキム Vanda'Miss Joaquim'	
南アフリカ	キングプロテア Protea cynaroides	
台湾	梅(ウメ) Prunus mume	
タイ	ラーチャプルック(ナンバンサイカチ) Cassia fistula	スイレン
イギリス	バラRose	アザミ, ラッパスイセン
アメリカ	バラ Rose	
ベトナム	ハス Nelumbo nucifera	

各国で花の名称を表す分類単位:属・亜属・種・品種はまちまちである。2019年の調査時点による。

【二十四節気】

節気暦（節気名称と節気の始まる日）				
冬	秋	夏	春	
立冬 11月7 又は 8日	立秋 8月7 又は 8日	立夏 5月5 又は 6日	立春 2月4 又は 5日	四立
小雪 11月22 又は 23日	処暑 8月23 又は 24日	小満 5月21 又は 22日	雨水 2月18 又は 19日	
大雪 12月7 又は 8日	白露 9月7 又は 8日	芒種 6月5 又は 6日	啓蟄 3月5 又は 6日	
冬至 12月21 又は 22日	秋分 9月23 又は 24日	夏至 6月21 又は 22日	春分 3月20 又は 21日	二至二分
小寒 1月5 又は 6日	寒露 10月8 又は 9日	小暑 7月7 又は 8日	清明 4月4 又は 5日	
大寒 1月20 又は 21日	霜降 10月23 又は 24日	大暑 7月22 又は 23日	穀雨 4月20 又は 21日	

二十四節気は季節によって変化する日の傾きを基に一年を十五日前後、二十四の時期に分けたもの。正

式には立春（節気）→雨水（中気）のように十二の節気と十二の中気が入れ替わり繰り返すが、一般的には節気と中気を分けず、どちらも節気と呼ぶことが多い。

古代中国では現在も一部使われている太陰太陽暦が採用されていた。これは月の満ち欠けによって暦を作るので、その周期が季節の周期と一致しておらず、時間の経過にともなって暦と季節がズレていく。これに対し、二十四節気は太陽の位置を基準にしているため暦と季節が毎年一致する。エジプトやローマ帝国などが太陽暦を採用していたのに対し、中国は太陰太陽暦を維持しながらも、別に季節に合わせた暦を使っていた点がおもしろい。

【古今和歌集ではじめて詠われた花】

現代名称		古今和歌集での音	古今和歌集において植物が登場する和歌
キク科	菊	キク	心あてに　おらばやおらむ　はつしもの　おきまどはせる　しらぎくの花　巻五277　凡河内躬恒
ウキクサ亜科	浮草	ウキクサ	たぎつせに　ねざしとどめぬ　うき草の　うきたる恋も　我はするかな　巻十二592
アサガオ	朝顔	ケニゴシ	うちつけに　こしとや花の　色をみん　をく白露の　そむるばかりを　巻十444　やたべの名実
シノブ科	忍	シノブグサ	君しのぶ　草にやつるる　ふるさとは　松虫のねぞ　かなしかりける　巻四200
シオン属	紫苑	シヲニ	ふりはへて　いざふるさとの　花みんと　こしをにほひぞ　うつろひにける　巻十441

バショウ科	芭蕉	バセヲ	いささめに　時まつまにぞ　日はへぬる 心ばせをば　人に見えつつ 巻十４５４　紀乳母
アンズ	杏子	カラモモ	あふからも　ものはなをこそ　かなしけれ わかれんことを　かねておもへば 巻十４２９　清原深養父
クルミ属	胡桃	クルミ	あぢきなし　なげきなつめそ　うき事に あひくる身をば　すてぬものから 巻十４５５　兵衛
コウシンバラ	庚申薔薇	サウビ	我はけさ　うひにぞみつる　花の色を あだなる物と　いふべかりけり 巻十４３６　紀貫之
リンドウ属	竜胆	リウタンノハナ、クタニ	わがやどの　はなふみちらす　とりうたん のはなければや　ここにしもくる 巻十４４２　紀友則

古今和歌集には草花・花木計七十六種の植物名称が登場する。万葉集が自然環境を詠っているのに対し、貴族の愛好する植物が詠まれているものが多い。

「心あてに　おらばやおらむ　はつ霜の　をきまどはせる　しら菊の花」巻五277　凡河内躬恒

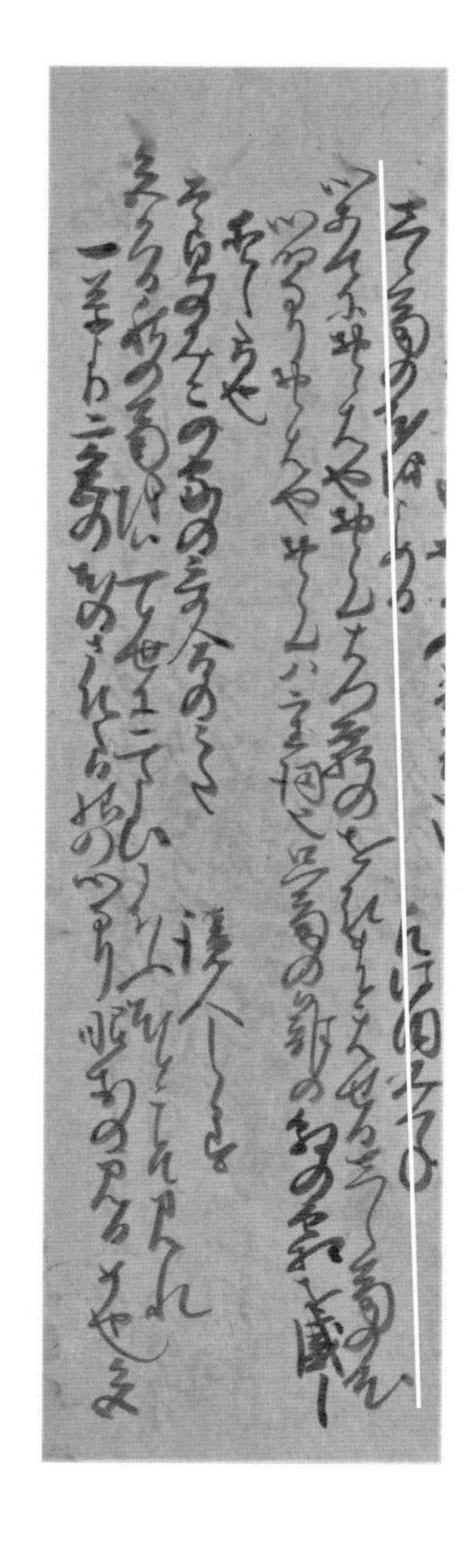

「うちつけに　こしとや花の　色を見ん　をく白露の　そむるばかりを」巻十444　やたべの名実

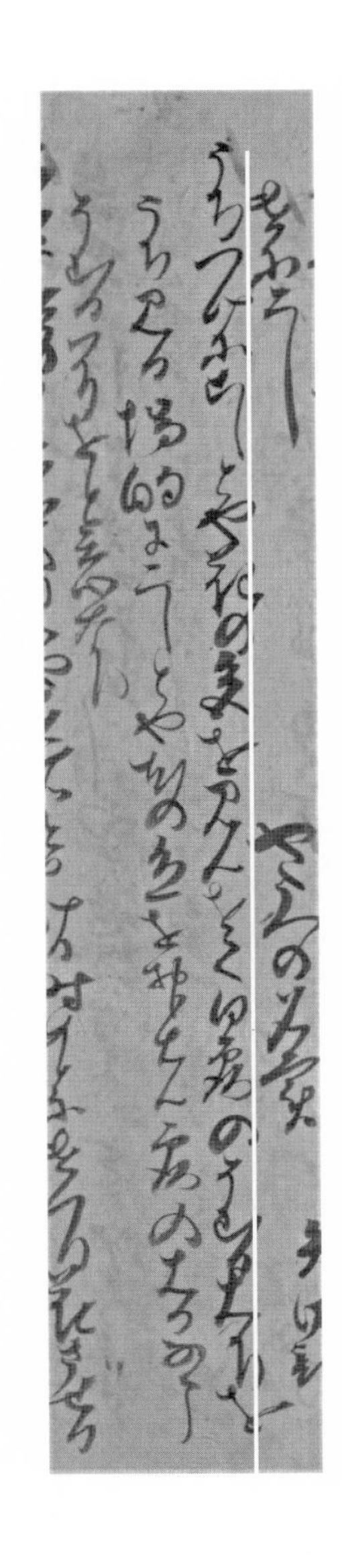

「わがやどの　はなふみちらす　とりうたん　野はなければや　ここにしもくる」巻十442　紀友則

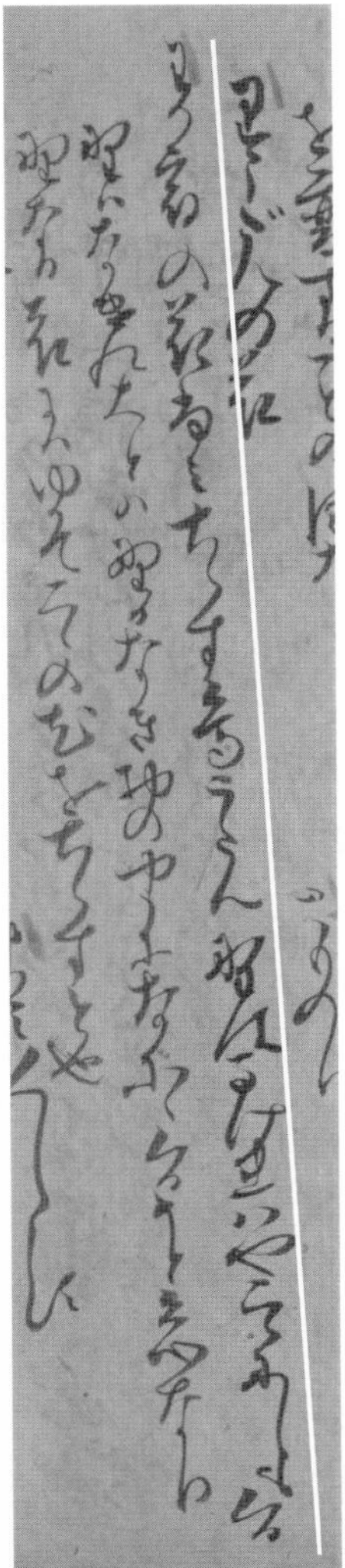

古今和歌集［注］二十巻（天文十六年頃写本・国立国会図書館蔵）

【日本の元号】

元号	西暦	時代
大化	645	
白雉	650	
	654	
朱鳥	686	大和
	686	
大宝	701	
慶雲	704	
和銅	708	
霊亀	715	
養老	717	
神亀	724	
天平	729	
天平感宝	749	奈良
天平勝宝	749	
天平宝字	757	
天平神護	765	
神護景雲	767	
宝亀	770	
天応	781	
延暦	782	
大同	806	
弘仁	810	
天長	824	
承和	834	
嘉祥	848	
仁寿	851	
斉衡	854	
天安	857	
貞観	859	平安
元慶	877	
仁和	885	
寛平	889	
昌泰	898	
延喜	901	
延長	923	
承平	931	
天慶	938	
天暦	947	
天徳	957	

元号	西暦	時代
応和	961	
康保	964	
安和	968	
天禄	970	
天延	974	
貞元	976	
天元	978	
永観	983	
寛和	985	
永延	987	
永祚	989	
正暦	990	
長徳	995	
長保	999	
寛弘	1004	
長和	1013	
寛仁	1017	
治安	1021	
万寿	1024	
長元	1028	平安
長暦	1037	
長久	1040	
寛徳	1044	
永承	1046	
天喜	1053	
康平	1058	
治暦	1065	
延久	1069	
承保	1074	
承暦	1077	
永保	1081	
応徳	1084	
寛治	1087	
嘉保	1095	
永長	1097	
承徳	1097	
康和	1099	
長治	1104	
嘉承	1106	
天仁	1108	
天永	1110	

元号	西暦	時代
永久	1113	
元永	1118	
保安	1120	
天治	1126	
大治	1126	
天承	1131	
長承	1132	
保延	1135	
永治	1141	
康治	1142	
天養	1144	
久安	1145	
仁平	1151	
久寿	1154	平安
保元	1156	
平治	1159	
永暦	1160	
応保	1161	
長寛	1163	
永万	1165	
仁安	1166	
嘉応	1169	
承安	1171	
安元	1175	
治承	1177	
養和	1181	
寿永	1182	
元暦	1184	
文治	1185	
建久	1190	
正治	1199	
建仁	1201	
元久	1204	
建永	1206	鎌倉
承元	1207	
建暦	1211	
建保	1214	
承久	1219	
貞応	1222	
元仁	1224	

元号	西暦	時代
嘉禄	1225	鎌倉
安貞	1228	
寛喜	1229	
貞永	1232	
天福	1233	
文暦	1234	
嘉禎	1235	
暦仁	1238	
延応	1239	
仁治	1240	
寛元	1243	
宝治	1247	
建長	1249	
康元	1256	
正嘉	1257	
正元	1259	
文応	1260	
弘長	1261	
文永	1264	
建治	1275	
弘安	1278	
正応	1288	
永仁	1293	
正安	1299	
乾元	1302	
嘉元	1303	
徳治	1307	
延慶	1308	
応長	1311	
正和	1312	
文保	1317	
元応	1319	
元亨	1321	
正中	1324	
嘉暦	1326	
元徳	1329	
元弘	1331	
建武	1334	室町（南北朝）
延元	1336	
興国	1340	
正平	1347	
建徳	1370	
文中	1372	
天授	1375	
弘和	1381	
元中	1384	室町
応永	1394	
正長	1428	
永享	1429	
嘉吉	1441	
文安	1444	
宝徳	1449	
享徳	1452	
康正	1455	
長禄	1457	
寛正	1461	
文正	1466	
応仁	1467	戦国
文明	1469	
長享	1487	
延徳	1489	
明応	1492	
文亀	1501	
永正	1504	
大永	1521	
享禄	1528	
天文	1532	
弘治	1555	
永禄	1558	
元亀	1570	
天正	1573	安土桃山
文禄	1593	
慶長	1596	江戸
元和	1615	
寛永	1624	
正保	1645	
慶安	1648	
承応	1652	
明暦	1655	
万治	1658	
寛文	1661	
延宝	1673	
天和	1681	
貞享	1684	
元禄	1688	
宝永	1704	
正徳	1711	
享保	1716	
元文	1736	
寛保	1741	
延享	1744	
寛延	1748	
宝暦	1751	
明和	1764	
安永	1772	
天明	1781	
寛政	1789	
享和	1801	
文化	1804	
文政	1818	
天保	1831	
弘化	1845	
嘉永	1848	
安政	1855	
万延	1860	
文久	1861	
元治	1864	
慶応	1865	
明治	1868	近代
大正	1912	
昭和	1926	
平成	1989	
令和	2019	

＊白雉及び朱鳥の後、元号空白の時期が実在。南北朝時代は南朝の元号を示した。時代の変わり目は諸説あるので参考として表示した。

【枕草子にはじめて登場する花】

現代名称		枕草子表記	枕草子において植物が登場する部分
キリ	桐	きりの花	**きりの花**、紫に咲きたるは、なをおかしきを、葉のひろごりざまうたてあれども、こと木どもと、ひとしういふべきにあらず。・・・いみじうこそはめでたけれ。（「木の花は」）
オモダカ	沢瀉	をもだか	**をもだか**は、名のおかしきなり。心あかりしれんとおもふに。（「草は」）
タチアオイ	立葵	からあふひ	**からあふひ**、日の影にしたがひてかたぶくこそ、草木といふべくもあらぬ心なれ。（「草は」）
セキチク	石竹	からなでしこ	**なでしこ**、**から**のはさらなり。・・・わざととりたてて、人めかすべきにもあらぬさまなれど、**かまつかの花**らうたげなり。・・・**夕がほ**はあさがほににて、いひつづけたるにおかしかりぬべき花のすがたにてにくく、みの有様こそ、いと口おしけれ。などて、さ、はた生ひ出でけん。**ぬかづき**などいふもののやうにだにあれかし。されどなを、夕がほといふ名ばかりはおかし・・・（「草の花は」）
ハゲイトウ	葉鶏頭	かまつかの花	
ユウガオ	夕顔	夕がほ	
ホオズキ	酸漿	ぬかづき	

ボタン	牡丹	ぼうたん	まいりて見たまへ。あはれげなる所のさまかな。ろだひのまへにうへられたりけるぼうたんのからめきおかしき事・・・（「故殿などおはしまさで」）
ヤブカンゾウ	藪萱草	くわんさう	せんさいにくわんさうといふ草をませゆひて、いとおほくうへたりける。花きはやかちいさなりてさきたる、むべむべしきところのせんさいにはよし。（「故殿の御服の頃」）

枕草子には草花・花木他計百十七種の植物名称が登場する。和歌の多くは自然描写や抒情の中に植物を詠っているのに対し、主に宮中で目にする植物が多く散文で記載されている。

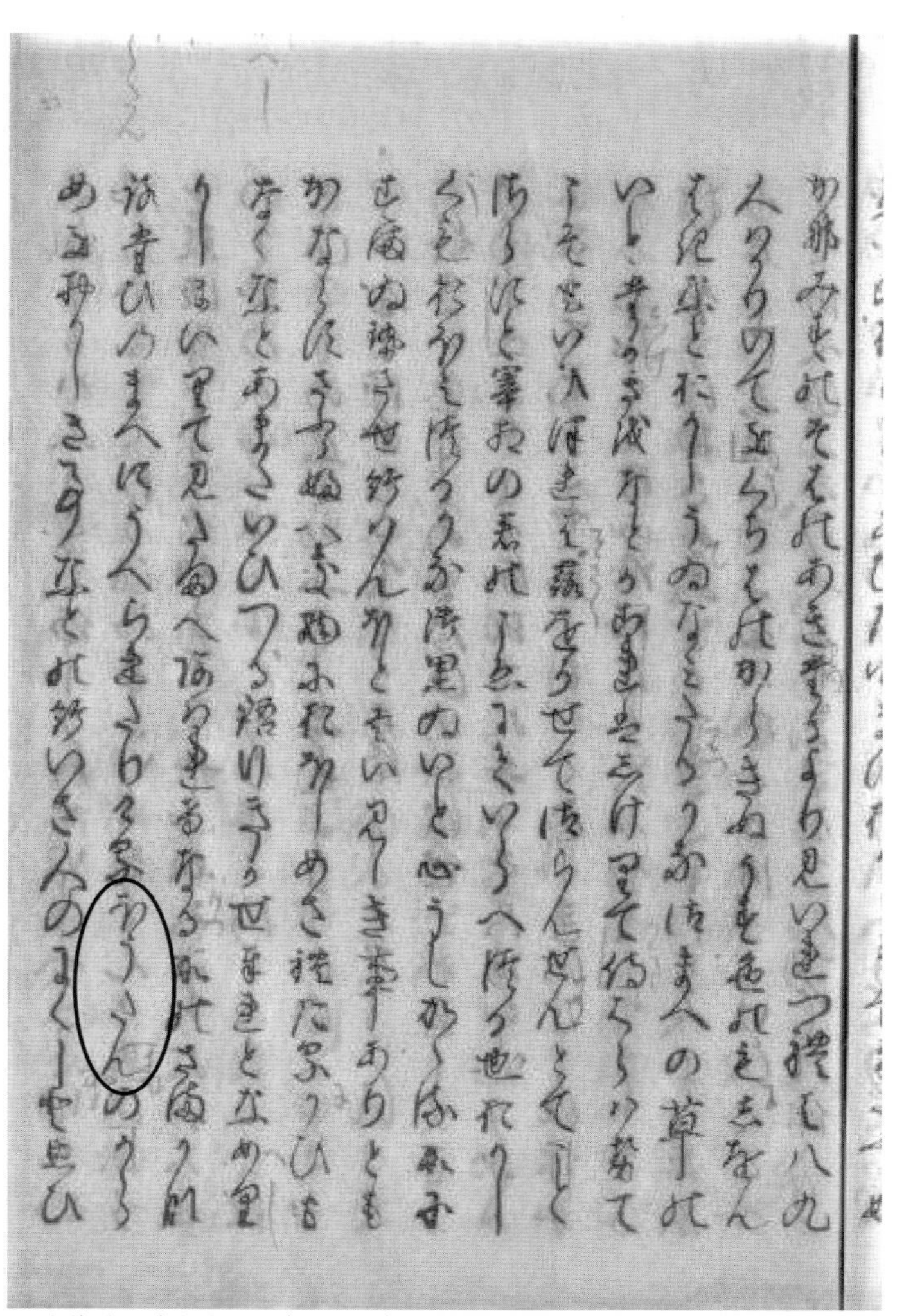

枕草子五巻[3]出版者不明[寛永年間写本]。国立国会図書館蔵
「故殿などおはしまさで」に登場する牡丹（ぼうたん）

花の名前索引

花の文化立国日本　お花の歳時記

発行日　2020年８月23日　初版第１刷発行
　　　　2021年８月２日　　　第２刷発行
　　　　2023年６月30日　　　第３刷発行

著　者　永田晶彦

発行所　一粒書房
〒475-0837　愛知県半田市有楽町７-148-１
TEL(0569)21-2130

販　売　合同会社 ショウジュ

印刷・製本　有限会社一粒社

ISBN978-4-86431-924-9 C1320